魚の行動習性を利用する　釣り入門

科学が明かした「水面下の生態」のすべて

川村軍蔵 著

ブルーバックス

カバー装幀／芦澤泰偉・児崎雅淑
カバーイラスト／西口司郎
本文デザイン／中山康子
図版／さくら工芸社

はじめに

イギリスの諺に次のようなものがある。
一日幸せでいたかったら、床屋に行きなさい
一週間幸せでいたかったら、結婚しなさい
一ヵ月幸せでいたかったら、良い馬を買いなさい
一年間幸せでいたかったら、新しい家を建てなさい
もし、一生幸せでいたかったら釣りを覚えなさい

古今東西を問わず、釣りの面白さは生涯人を虜にしてきたようだ。
日本生産性本部が発行する『レジャー白書』の二〇一〇年度版によると、二〇〇九年の日本の釣り人口は一〇五〇万人にのぼる。国民一二人に一人が楽しんでいる計算になるが、なぜ釣りはこのように多くの人を惹きつけるのだろうか。

日本でただ一人釣聖と呼ばれる第一回文化勲章受章者の幸田露伴は釣り人を〝品格ある遊漁者〟と評した。世界的名著といわれる『釣魚大全』の著者である英国のアイザック・ウォルトンは「釣りとは一つの芸術であり、釣りをすることは又一つの紳士道である」と著している。釣り

は、精神的な崇高さが求められ、釣り人自らが精神的成長を育もうとするところに一つの面白さがある、ということのようだ。このような特徴には、釣り人なら賛成する方も多いであろう。

最近は釣り好きの女性も増えてきた。釣り人口にみる女性の割合は、二〇代では男性の半分を超えるという統計もある。海岸で釣りをしている若いカップルもよく見かけるようになった。大学の入試面接で水産学部を志望した動機を問うと、父親と一緒に行った釣りの経験を話す女性受験者がいるが、あながち面接用の模範解答ではないようだ。釣りの面白さに目覚めた女性が増えてきていることは好ましいことである。

かつて、私どもの研究室でロウニンアジを誘引する音を開発して、奄美・加計呂麻島でロウニンアジを二時間で四匹釣り上げた。その成果をもって九州磯釣連盟鹿児島県支部長に誘引音の普及を提案したところ、即座に拒否された。大物釣りの対象としてロウニンアジは憧れの魚であり、全国からたくさんの釣り人がこの魚を狙って奄美大島を訪れるが、ほとんどの人が釣らずに帰る。支部長は、音で誘引して釣るのは〝邪道〟だと仰る。釣りにくい魚を釣るために釣り人はあらゆる知恵と技を注ぐが、近代的なエレクトロニクス誘魚機器を使うことを〝だまし討ち〟と考えておられるようだ。私は〝釣りとは何か〟を考える貴重な教訓を得ることができた。

最初の釣りにはさまざまな動機やきっかけがあるだろう。それが子供のときであろうと大人になってからであろうと、最初の魚信を竿を通して、あるいは直接釣り糸を通して感じた瞬間の興奮は生涯忘れがたいものになる。老若男女をとわず、釣りには血が騒ぐものがある。その興奮を再び体験しようとして繰り返すにつれて、最初の頃の簡単な道具と方法では満足しなくなる。そして、精巧な道具と逃げる魚を出し抜くほどの豊富な知識をもとうとする。こうした知的な研鑽が釣りのもう一つの魅力だろう。

私はカツオ一本釣り船とブリ飼い付け船に何度も乗って釣らせていただいた。荒海でも行われる勇壮な憧れの釣りだが、釣りで得られるはずの知的興奮と感動がなかった。これらの釣りでは餌を入れるとすぐに入れ食いが始まり、重要なのは一匹でも多く釣ることができる体力であって、創意工夫を生む脳の知的活動の余地がなかったせいであろう。

ベテランの釣り人たちのなかには、最近は海釣りでも陸釣りでも、釣りの成果が運の巡り合わせによって左右されることは少なくなり、釣りは応用科学の問題となってきているという人もいる。釣りの技を磨くには科学的知識が必要という意味であろう。

かけ出しの釣り人が経験豊かな釣り人よりも魚の世界について理解が深いことはあり得ない。しかし、知識は経験から得られるだけでなく先達者から借りることも可能だ。一方、魚の感覚に関する知見に基づいた行動研究をする行動生理学の分野では、研究手法の進歩もあって、釣り人の技の向上に欠かせない科学的知見がかなり蓄積されてきた。

本書では、長年釣り人たちによって磨きあげられた経験則と、科学者によって蓄積された知識をあわせて紹介したい。新しい知識ですぐ釣りがうまくなるものではないが、知識が釣り人の知恵と技を研鑽する一助になることを期待する。

川村軍蔵

2章　撒き餌を科学する　39

3章　釣り餌を科学する　59

4章　ルアーを科学する　77

5章　釣りのポイントとタイミング　95

7章　釣り具と仕掛け　155

8章　釣り場の水環境　183

9章　釣りのルールと釣り場の保全　199

1章　魚を知る

古い釣りの本を読むと、どの時代の本にも道具の進歩、技術向上、釣り餌の変化が記載されている。例えば、釣聖・幸田露伴は「明治に至って諸事進歩が目覚ましく、釣り具は精良になり、釣りの技術は巧妙になり、釣り餌は三〇～四〇年前には知られていなかったイソメや袋イソメを使い、リール竿や英、仏、米製の釣り針を使うなど、欧米のように高級な娯楽になりつつある」(筆者による口語訳) と記している。

近年になってからも竿や釣り糸の進歩は目覚ましい。幸田露伴が今の釣り具を見たならば驚愕するにちがいない。

釣り道具や釣り技術が絶え間なく進歩し続けてきたならば、初心者でも必ず魚を仕留められる釣り餌や仕掛けができていてもいいようなものだ。しかし、そうしたものはまだない。その理由の一つは、我々が魚の行動習性をよく知らないからである。行動習性を知らなければ、必ず仕留められる釣り道具をつくることはできない。

釣ったり釣れなかったりという、釣り人の永年の経験によって、魚の行動習性は少しずつわかってきた。しかし、水面から見えない魚の行動習性を理解するには経験だけでは限界がある。魚の行動習性を知るには魚の感覚的世界の知識が役立つ。ここでは、そうした世界に入って釣り餌や仕掛けを考えてみよう。

1－1　魚は釣りの仕掛けが見えるか

地上で遠くを見たとき、大きな物はいくら離れていても見える。空が晴れている夜には約二億三〇〇〇万キロ離れた火星も見ることができる。ところが、海中の物の見え方は濃霧の中の状況と似ていて（図1－1）、物が大きくても離れるとかすんでぼやけて見え、さらに離れるとついに完全に見えなくなる。

図1-1　霧の中の街の風景

よく澄んだ黒潮の中でさえ、ダイバーに見える範囲は四〇メートルを超えない。ならば透明度が二メートル以下の東京湾の奥では、釣りの仕掛けは魚にはよく見えないだろう、と考えてしまいがちだが早計である。濁った水中でも、魚が見える範囲はダイバーが見える範囲より広い。

水中の物標がかすんで見えるのは、水中の物標のコントラストが低くなるためである。ならば、どれだけコントラストが鮮明であれば魚が見えるかを調べれば、その見える範囲を推定できる。これを学生たちと一緒に水槽実験で調べてみた。使った魚はブルーギルである。

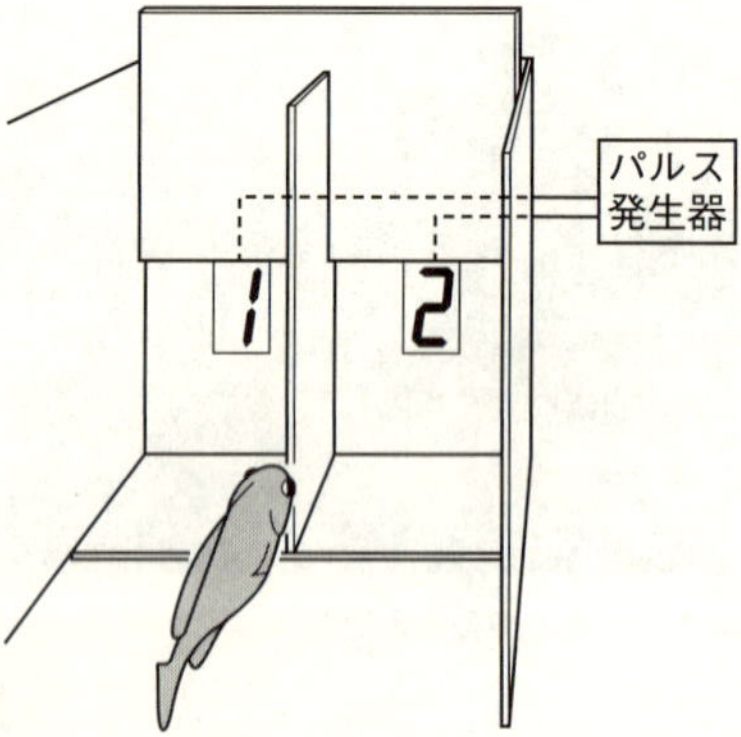

図1-2　コントラスト識別感度を調べる実験方法（Kawamura & Shimowada, 1993より）

発光ダイオードでつくった二つの幾何図形をガラス水槽の外から魚に見せてみる。それぞれの図形の形は異なる。一方の図形の前でだけ餌を与えることを繰り返すと、魚は学習してその図形を見ただけでその前に来て餌を待つようになる（図1－2）。訓練が完成した後に、発光ダイオードに流れる電流を弱めて、魚が図形に反応しなくなるまで輝度を段階的に低くした。図形の輝度が低すぎて視認できないと魚は餌を待つ位置に来ないので、視認できる限界の輝度（識別感度）を知ることができる。こうした限界を閾値《いきち》という。魚が右に寄る癖があったり左に寄る癖があっても問題がないように、二つの図形の左右の位置を毎回ランダムにした。実験装置を担当したのは大学院生の下和田隆君で、実験装置は彼の手作りであった。

実験の最初は、ブルーギルに一秒間だけ図形を見せて識別させる訓練をした。ブルーギルは意外に簡単に識別を学習してくれただけでなく、下和田君が水槽の前に立つと図形を識別する位置に来て図形の呈示を待つようになった。しかし、私が水槽の前に立ってもブルーギルは指定位置に来ない。魚は私と下和田君の姿を識別していたようだった。

ブルーギルは実験に「協力的」で、実験は順調に進むかにみえたが、図形を見せる時間（呈示時間）を短くすると次第に餌を食べなくなってきた。さらに行動も落ち着かなくなり、妙である。このような経験は初めてなので、動物心理学専門の教育学部の教授に相談したところ、魚が神経症になっていると診断された。難しい訓練をすると魚でも神経症になるのだそうで、神経症を快復させるには訓練を休止するとよいと教えていただいた。

訓練を休止するとせっかく学習した図形識別を忘れてしまうかもしれない。また、神経症はいつ快復するか予測できない。私たちは困ってしまった。このとき、図形の呈示時間を変えてコントラスト識別感度を調べたい、と思っていたのだが、これは呈示時間を一〇〇万分の一秒まで短縮する予定で難しい訓練になる。対策として実験室いっぱいに水槽を並べて、二〇匹のブルーギルの訓練を同時に始めた。神経症になった魚を休ませる一方で元気な魚で実験を進め、最後まで元気に実験に付き合ってくれたのは、このうち四匹だけであった。

このようにして調べたブルーギルのコントラスト識別感度は、同じ方法と装置で調べた研究室の学生たちのコントラスト識別感度の五五倍であった。実験中、呈示図形が光っていることさえ私には全くわからないときにも、ブルーギルは正確に反応した。

魚のコントラスト識別能力が高いということは、我々の眼に見えにくいはずの細いナイロン糸が魚にはよく見えることがある、ということだ。我々の眼に見えにくいのはナイロン糸が背景に溶け込んだ状態のときで、見えやすいのはナイロン糸が光を反射して背景とのコントラストが鮮明になったときである。我々には見えにくい背景に溶け込んだナイロン糸が、魚にはよく見えることがあるのだ。

この実験値と水の透明度から光学的に計算すると、ダイバーの見える範囲が一〇メートルだと、ブルーギルには一七メートルの範囲が見えることになる。視界が悪い水中でも、我々には見えない仕掛けが魚にはよく見えるのである。

この実験で、図形のコントラストを最も強くしたときの図形を視認できた最小時間は、三〇万分の一秒であった。同じ条件で調べた学生たちの最小識別時間一万分の一秒を遥かに超える。最小識別時間が短いということは、動く物を正確に眼で捉えられるということである。魚が素早く動く餌生物に正確にアタックできるのは、このような眼の機能をもつからなのだ。

1－2　魚に釣り人の姿がよく見えるわけ

磯釣りでも渓流釣りでも、自分の姿が魚に見えないように釣るのが釣り人の常識である。私はそれを正しいと考えている。なぜなら、魚は常に水鳥の襲撃に備えているので、水面上で動く物に対して強く警戒する習性があるからだ。水鳥に襲われた経験がなくても、水面上で動く見慣れない物を、魚は本能的に警戒する。その一方で、渓流で水面に落ちる枯れ葉を魚が警戒しないのは、枯れ葉を何度も経験して慣れているからである。水中の魚には水面上の景色がよく見えるので、枯れ葉と水鳥の識別は容易にできる。

桟橋の前に浮かべた生簀にゴマサバを飼育していたときのことだ。私は毎日海面から餌を投げ与えていた。このとき生簀の魚はいつも群れて活発な旋回遊泳をしていた。ところが、私が生簀から離れたところから海に入って生簀に潜って近づいてみると、魚は群をつくらずゆったり泳いでいた。海面を通して私の姿が見えるときにだけ、魚は興奮して群をつくって旋回遊泳していたのである。水面上の人の姿が魚にはっきり捉えられている証拠である。

ここでは、水中の魚になぜ水面上の釣り人がよく見えるのかを説明しよう。

太陽光を振動波に例えると全方向の振動面の波を含んでいる。光が水面にあたると特定の振動方向の光が反射して、残りの光が水中に入射する。振動が特定の方向に偏った光を偏光といい、反射光は強い偏光である。水面反射光はヒトの眼には眩しくて水中の物を見るときに邪魔になる。このとき偏光メガネは水面反射光をカットして、水中の物を見えやすくする。釣り人が偏光メガネを使うのは水中の物がよく見えるからである。

偏光メガネのレンズを回転してみると、回転位置によって海面の反射光が強くなったり弱くなったりする。通常は、海面反射光が最大にカットされる回転位置でメガネを使用する。これと同

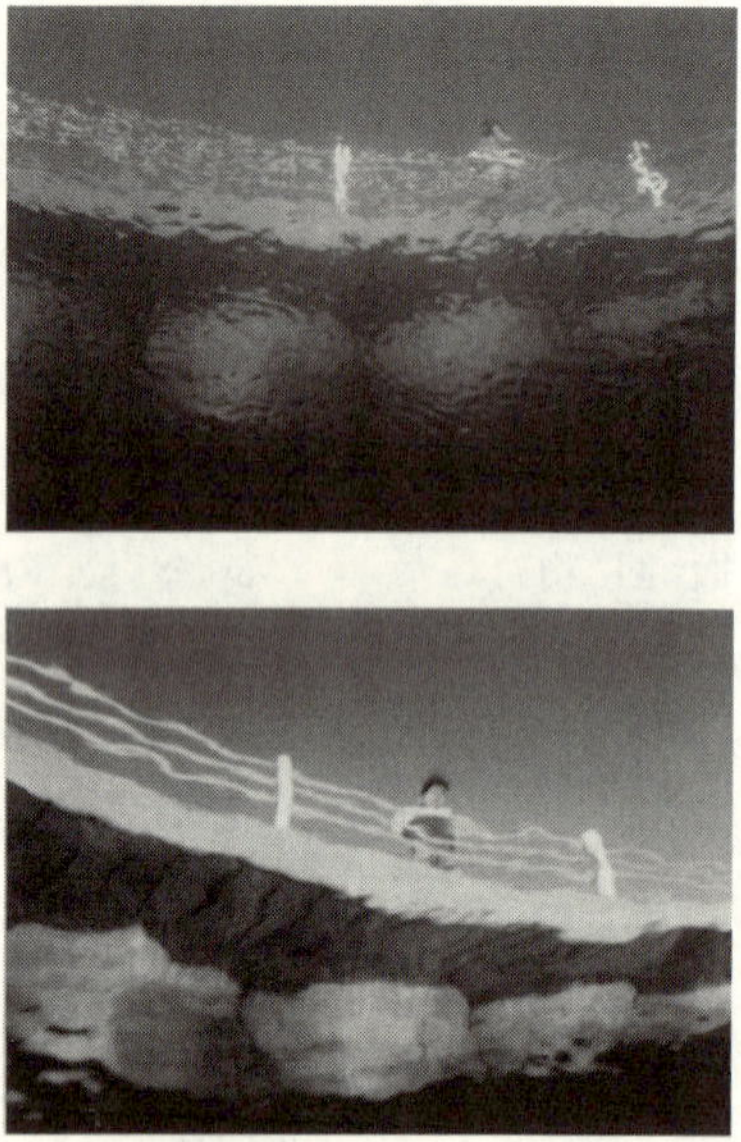

図1-3　海中から海面を撮影した写真（上）と偏光フィルタを使って撮影した写真（下）

じ理由で、ショーウインドウの中の展示物を外から撮影するときには、カメラに偏光フィルタ（偏光メガネと同様に偏光をカットする）を装着する。フィルタの回転位置を調整すれば、ガラス表面からの反射光（偏光）をカットして、ショーウインドウの中の物を鮮明に撮影できる。水中撮影でも偏光フィルタを使うのは、特定の振動方向の偏光をカットすると水中の物標が鮮明になるからである。

魚はヒトには見えない偏光を見る眼をもっている。この眼が偏光フィルタとして機能するので、水中の魚には釣り人がよく見えるのである（図1－3）。

海面に小波があるときは、魚が偏光フィルタを使っても釣り人の姿は見えにくいと思われるが、実はそうではない。海中に潜ってみると、確かに水深二メートル位までは小波によって海面が乱れて空中物標がよく見えない。しかし、さらに深く潜ると海面の小波によるチラツキが次第に少なくなり、五メートルでは海面のチラツキがほとんど消えてボートに乗っている人が鮮明に見える。眼に偏光フィルタをもたないダイバーでも釣り人の姿がよく見えるのだ。偏光フィルタをもつ魚は、我々以上に鮮明に釣り人を見ることができるであろう。

次に、水中で聞こえる音について考えてみよう。

釣り人の姿同様に、釣り人が発する騒音を魚が警戒して釣れなくなるといわれる。一方で、空中音は水面で反射して水中に入らないので、騒音は関係ないとの反論もある。どちらが正しいのだろうか。

空気と水の音響学的性質がちがうために、空中音は水面でほとんど反射してしまうといわれる。しかし、これは仮定計算上のことで、空中音が水中で聞こえるかどうかは風呂で浴槽に潜ってみればすぐわかる。洗い場で話す声が水中で聞こえる。

ただし、ヒトの声に魚が警戒行動をとるかとなると、答えは条件次第となる。魚は騒音に慣れてしまうので、市街地の釣り堀では渓流釣りより騒音を気にしなくてよいだろう。一方、静かな渓流地では騒音、とくに足音などの低周波の振動を出すのは厳に慎まなければならない。振動は地面を遠くまで伝わり、地面から水中に伝わる。魚の側線《そくせん》は低周波の振動に非常に感度がよい。

私が大学校舎の二階の実験室で、水槽内の魚の声を録音していたときのことである。ハイドロホン（水中マイク）を通してヒトの足音が聞こえたので、学生にすぐ調べてもらうと、三階の実験室の学生の革靴の音であることがわかった。我々には聞こえない振動がこのようによく伝わるのである。三階の学生には、ゴムのサンダルに履き替えてもらった。

1―3 「魚は近視」は誤解

魚は極端な近視なので釣り糸がよく見えないし、ルアーの細かな形も識別できないと考えている人が多い。魚の視力は淡水魚のブルーギルで〇・〇九、オオクチバスで〇・一〇〜〇・一七、海産魚ではマダイで〇・一六、マハタで〇・二四、スズキで〇・一二、大型表層魚のカツオ・マグロ・カジキ類では〇・二八〜〇・五六である。人間と同じように考えるとこの視力では近視となる。

しかし、これは誤解である。実は、魚の眼は近視でも遠視でもない。近視とは、レンズの焦点距離が短くて、遠方の物標が網膜の前に結像するために鮮明に物が見えないことをいう。ヒトは眼のレンズの厚さを変えて遠近調節するが、魚は眼の硬いレンズを微妙に前後に動かして正確に遠近調節をするので、遠くの物の像が網膜に鮮明に結像する。つまり、魚の場合、視力が低くても近視とはいえないのである。

視力とは、離れた二つの物体を識別する能力の程度を、数字で表したものだ。それでは、なぜ魚の視力が低いのか。その理由は網膜の視細胞密度が低いためで、画素数の少ないデジタルカメラで撮影するようなものだ。かつて、魚は近視だという眼科医の古い研究論文があったが、これには眼内の結像距離に計算間違いがあったことが後年判明した。メジナの視力は〇・一三と低いが、二〇センチ先の絹糸（直径〇・〇六ミリ、ナイロン糸〇・一号相当）を十分視認できる。したがって、釣り糸の存在を知らずに餌に食いつくということは考えられない（7－4参照）。

魚の視力はヒトと同じ方法で測定できるが、少々工夫が必要である。例えば、縦縞と横縞の模様を一定の距離から識別させる訓練をする。訓練が完成すると縞の幅と間隔を次第に狭くしていき、識別できなくなる直前の縞の幅と視認距離で視力を計算する。この方法では、正確な視力を測定するために模様を魚の視軸の方向に見せる。これが簡単にはできない。視軸とは視野の中で物が一番よく見える方向で、ヒトでは読書のときに本を置く前面になる。海産魚では表層魚は前上方、中層魚は前方、底棲魚は前下方が視軸になる。さらに、マグロやカジキのような飼育が難しい魚ではこの方法は使えない。

眼が入手できさえすれば別の方法で視力を知ることができる。網膜の組織標本をつくって、顕微鏡で調べた視細胞の密度とレンズの焦点距離から視力を計算するのである。レンズの焦点距離はレンズの大きさから計算できる。このように視細胞の密度とレンズの焦点距離から計算で求めた魚の視力を表1－1に示した。

ちなみに、魚眼レンズは焦点距離が短い広角レンズで、広い視野の像を撮影できるが、魚の眼

	魚種	体長（cm）	視軸の方向	視力
大型表層魚	カツオ	52	前上よりやや上	0.43
	キハダ	105	〃	0.49
	クロマグロ	120	〃	0.28
	ビンナガ	105	〃	0.49
	メバチ	139	〃	0.44
	大西洋マグロ	62	〃	0.45
	クロカジキ	150	〃	0.44
	シロカジキ	190	〃	0.37
	バショウカジキ	158	〃	0.53
	フウライカジキ	49（kg）	〃	0.56
	マカジキ	175	〃	0.38
	メカジキ	54	〃	0.31
沿岸魚	ブリ	17	前	0.11
	マサバ	35	前上	0.17
	ゴマサバ	39	〃	0.19
	ギンイソイワシ	8	前	0.08
	マアジ	13	前下	0.12
	イシダイ	18	前	0.14
	チダイ	13	前下	0.15
	マダイ	20	〃	0.16
	メジナ	30	〃	0.13
	ヘダイ	18	前下	0.16
	クロメジナ	9	〃	0.13
	シマイサキ	20	前	0.11
	スズキ	18	〃	0.12
	キュウセン	24	前下と側方	0.16
	クロホシイシモチ		前下	0.06
	センウマズラハギ	28	前	0.16
	ヒイラギ	9.5	前下	0.09
	ホウボウ	14	前	0.15
	マハタ	14	〃	0.24
	ホウセキハタ	16	〃	0.16
	カサゴ	18	〃	0.15
	ユメカサゴ	17	〃	0.09
深海性魚	テンジクダイ	8	前下	0.07
	ソコマトウダイ	15	上	0.15
	チカメキントキ	15	〃	0.17
	ニギス	16	〃	0.11
	アオメエソ	13	〃	0.06
淡水魚	ブルーギル	17	前よりやや下	0.09
	オオクチバス	31	前	0.17

表1-1　魚の視力

図1-4　顔の横に眼をもつので視野が広い草食動物

のレンズは視野を広げる機能をもっているわけではない。魚の視野が広いのは、眼が顔の横にあって眼が飛び出ているからである。同じように顔の横にあって飛び出た眼をもつ馬や牛、ウサギなどの草食性の哺乳動物や鳥も、広い視野をもっている（図1－4）。

1－4　形状識別能力は抜群

ルアーの形や模様にはさまざまな工夫が加えられて、深手の傷で弱っている魚に似せて彩色しているものまである。ここまで凝ってくると、狙った魚がルアーの腹の傷を視認できると発明者が信じてつくったとしか思えないが、実際に魚は形をどの程度識別できるのだろうか。

図1－5はブルーギルの形状識別能力を調べた実験に使われたもので、上段Aの幾何図形はすべて識別された。実験方法はコントラスト閾値を調べた水槽実験と同様で、ブルーギルに、例えば●と■の図形を同時に見せて常に●の

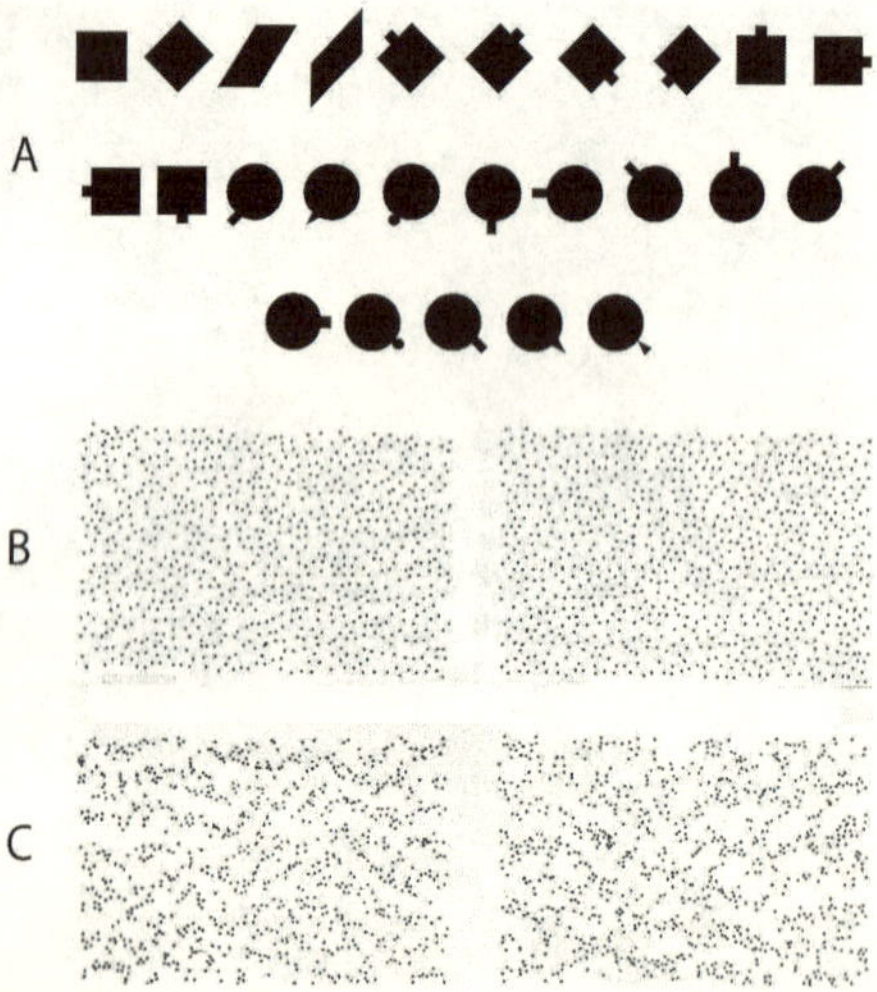

図1-5　ブルーギルが識別できた図形

前で餌を摂るよう訓練する。図形以外のちがいで識別しないように図形の面積は等しくしてある。その訓練が成功すればブルーギルは二つの図形を識別できたことになる。結果は、ブルーギルはここで示した幾何図形をすべて識別できた。

次に、パソコンでデタラメに点を打った二つのドットパターン（中段のB）と、点の配列に少し規則性をもたせたドットパターン（下段のC）を使ってみた。すると、ブルーギルはそれぞれBの二つとCの二つを見事に識別した。BとCを使って研究室の学生たちをテストしたところ、Cの二つは識別できたがBの二つは全く識別できなかった。視力が〇・〇九のブルーギルが、我々より遥かに優れた形状識別能力をもつことは驚きである。

この実験では図形をパソコンでつくってプリントしたものを魚に見せて、水槽装置は図1－2と似たものを使った。最初は二つの図形を見せて片方の図形（正図形という）の前に来て餌を待つように訓練し、訓練が完成すると餌を与えない方の図形（負図形という）の形を変えて識別できるかどうかをみた。二つを識別できなければ魚は負図形の前でも餌を待つようになる。二五個の図形を使ったので、実験終了までに一年以上かかった。

余談になるが、実験を担当した卒研生の鈴木進一君に与えられた時間は一年であったが、彼は自分で実験を完成させたいと自主的に留年した。訓練されたブルーギルは彼以外の人が餌を与えると興奮して食べなくなるので、実験を途中で後輩と交替できなかった。彼は大きな成果を残してくれたが、同級生が卒業していくときに実験を続けていたことを思うと、私は今でも心が痛む。

さて、釣り具店ではルアーがたくさん販売されている。腹部につけた傷、鰭《ひれ》の形状と位置、眼の大きさと位置等々が微妙にちがったりするが、こうしたちがいには意味がある、ということになる。すべての魚種がブルーギルと同じ形状識別能力をもつとはいえないが、我々が視認できるルアーの形のちがい程度は、どの魚も視認できると考えてよい。

川虫を餌にする渓流釣りでは〝川虫はイキのよさが命〟といわれ、夏期には川虫の容器の温度が上がらないようにさまざまな工夫がされている。死んだ虫では食いが一気に悪くなるからである。活きた川虫と死んだ川虫の刺激のちがいは匂いではなく形や動きであろう。匂いによる識別ならば、匂いは上流からくるので魚は下流からアタックするはずだが、アタックは下流からとは限らない。渓流の魚が小さい川虫の形や動きがわかることは、ここで紹介した実験結果から十分納得できる。

1－5　ルアーの色を識別できる

私はかつてマグロ・カジキ類はみな色盲であると日本とアメリカで発表した。大学の練習船のマグロ延縄《はえなわ》実習で活きて釣られたキハダ、メバチ、ビンナガ、マカジキ、クロカジキ、シロカジキの眼を調べた三年間の研究の結論で、一九八一年のことであった。この結論に対して鹿児島県の曳き縄漁業者たちから大反論があり、これらの魚は色を識別できると伝統的に信じていた彼らと激論の末に私の研究は否定されてしまった。

マグロ・カジキが色を識別できるか否かを調べた私の実験方法は、活きた眼に青から赤まで波長（色）がちがう光を次々照射したときの網膜細胞（水平細胞という種類の細胞）内の電位（S電位という）の変動パターンで判断するものであった。S電位の変化には色覚型と明暗型のパターンがあって（図1－6）、色覚型が記録されなければ色盲と判断される。色覚をもつ魚の網膜からは色覚型と明暗型の両方のS電位が記録され、色盲の魚からは明暗型のS電位しか記録されない。

私はこの実験方法を名古屋大学の田村保教授に教えていただいた。田村教授と東京大学の羽生功教授らはアメリカ商業漁業局のハワイ研究所まで行ってこの実験方法でカツオ、スマ、ヒラソーダの眼を調べ、これらの魚は色盲だと結論しておられた。また、アメリカの研究者たちは別の実験方法で網膜を調べて、マグロ・カジキ類だけでなくサワラなど大型表層魚はどれも色を識別する視細胞をもたないと発表していた。

私の実験は練習船を使って洋上で行ったので、エンジンからの振動がS電位記録装置に伝わらないようにした。だが、網膜を露出させた眼が船の動揺で柔らかい寒天のように揺れ、網膜に差し込んだガラス製の電極は簡単に折れてしまった。そのたびに頻繁に電極を換えながら、なんとかS電位を記録できた。この研究に興味をもって私の研究室に来てくれた大学院生の西村和一郎君が二年間S電位記録に挑戦してくれた。さまざまな揺れ対策を考えながらキハダでは二三匹の網膜の五一九個の細胞から、少ない種では三匹のマカジキの六七個の細胞からS電位を記録できた。三年間で合計六六匹の一五二四個の細胞からS電位を記録できたが、色覚型は一個も記録できなかったので、色盲と結論したのである。

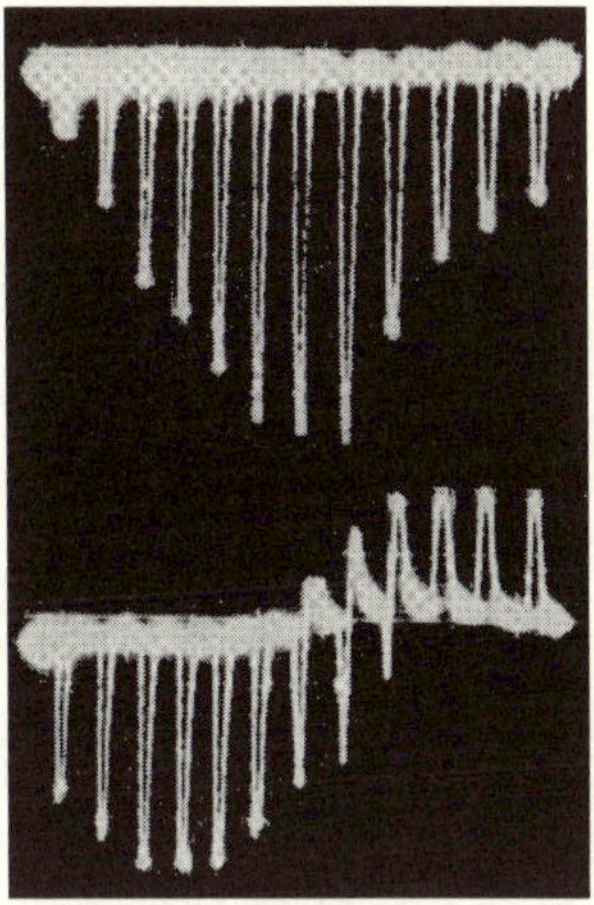

図1-6　S電位の明暗型（上）と色覚型（下）（Tamura & Niwa, 1967より）

近年になって、オーストラリアの研究者たちが顕微分光光度計という最新の実験装置を使ってマカジキの視細胞を調べた。そして、網膜の特定の部位（視軸の方向の物標が結像する部位）だけに色を識別する視細胞があることを発見した。私は網膜の中心部だけを調べたのだが、彼らは網膜全域の視細胞を調べた結果なので信頼できる。私も今では大型表層魚はすべて色を識別できると考えていて、私に反論した漁師たちの意見が正しかったと思っている。

一時期、チダイやクロダイなどタイ科の魚は色盲だと信じられていた。その理由は、タイ科の魚の網膜の水平細胞が小さいので色覚型のS電位が記録されにくく、明暗型のS電位しか記録できなかったと発表されたからである。それが釣りの本に紹介されてしまったが、これらの魚でも大きい個体を使うと色覚型のS電位が簡単に記録される。今では、タイ科の魚はどの種も色を識別できることがわかっている。

この実験方法によって、ルアーフィッシングの好対象魚であるオオクチバス（通称ブラックバス）とブルーギルも色を識別できることがわかっている。明暗型のS電位の記録からみると、これらの魚の眼は赤い色に感度がよいことが他の魚とちがう特徴である。ルアーの色を選択する際の参考にしていただきたい。

これらの実験結果や釣りの経験則から、どの魚も色を識別できると考えてよい。ただし、ハダカイワシなどの深海魚の網膜には色を識別する錐体《すいたい》と呼ばれる視細胞が全くないので、色盲であることは疑いない。サメ類も錐体を持たないので色盲といわれていたが、最近サメ類も錐体をもつことが確認された。しかし、サメ類の錐体は一種類だけなので、色盲という結論は変わらない。エイ類はすべて色を識別できると考えられていたが、ガンギエイおよびカスベと呼ばれるガンギエイ科のエイ類だけは色盲であると訂正されている。

釣りの対象にならないが、鯨類、イルカ類、アザラシなどの海産哺乳類の色識別能力についても述べたい。行動実験から海産哺乳類が色を識別できるとした論文がいくつかある。しかし、行動実験の方法に基本的な欠陥が指摘されている。色の異なる目標物体の明度や刺激光の明るさを等しくしていないので、被験動物が色盲でも色以外の手掛かりで識別した可能性がある（3－5参照）。一方で、眼を詳細に調べた研究結果からは色盲と結論されている。海産動物は一種類の錐体しかもたないので、鯨類、イルカ類、アザラシなどは色盲と考えてよいであろう。

釣り人が知りたいのは「魚はヒトと同程度に色を識別できるのか？」だろう。私は魚の色識別能力はヒトより優れていると考えている。その理由は、色を識別する視細胞（錐体）の種類はヒトでは三種類だが、魚では四種類であることだ。魚は紫外線を色光として見ることができるが、ヒトには紫外線は見えない。魚が見る世界はヒトが見る世界よりカラフルだと考えてよい。ただし、ルアーの色の見え方は水の色（水色《すいしょく》という）に影響を受けるので、釣り場がちがえば水中のルアーの色は若干ちがって見える。また、天候によってもルアーの色の見え方が変わる。釣り人はさまざまな色のルアーをもっていて、釣り場と天候によってルアーの色を変えるが、それは合理的である。

なお、照明学会では紫外線といわず紫外放射ということになっているが、本書では広く一般的に知られた用語である紫外線を用いた。

1-6　紫外線を反射するルアー

魚の体模様は種固有なものがあり、同じ種類でも雌雄で体模様がちがう魚が多い。魚類学者たちは、体模様が、同種のとくに雌雄間のコミュニケーションに役立っていると考えている。それを調べる実験では、体模様を変えた模型を見せて魚の反応を見るのだが、実験の成功例は少ない。

そうした実験のなかで、体表の一部が紫外線を反射する魚種において、メスの紫外線反射模様がオスを誘引するという発見があった。以来、紫外線を反射する体模様が注目されるようになり、この発見をルアーに応用する研究が始まった。

魚ではないが、オスがメスの紫外線模様に誘引される例としてモンシロチョウが知られている。モンシロチョウの羽の模様はオスとメスで同じなので見分けがつかないにもかかわらず、産卵期のオスがメスに寄っていって交尾するのである。昆虫の多くはメスが発するフェロモン（2

－2参照）の匂いがオスを誘引するが、モンシロチョウはフェロモンを出さない。メスの何がオスを誘引するのかしばらくわからなかったが、モンシロチョウの実験はキャベツ畑で簡単にできるので、メスの羽の裏で反射する紫外線にオスが誘引されることがわかった。モンシロチョウほどの大きさの板でも、紫外線を反射すればモンシロチョウのオスが寄ってくる。

魚の実験はモンシロチョウのようには簡単でない。ケイ素を主原料とする普通のガラスは紫外線を透過しにくいので水槽には使えず、紫外線をよく透過する石英ガラスを使うと非常に高価な水槽になる。飼育魚の健康管理の問題もある。実験が簡単でないうえに研究者も少ないので、研究の進捗が遅い。この研究に釣り人が参加してくださるなら研究の進捗が格段に速くなるであろう。

釣り人が実験するには、自作の紫外線反射ルアーを使う。紫外線反射塗料は安価であるので、おもちのルアーに塗料を塗るだけで自作の紫外線反射ルアーができあがる。念のために調べてみたが、現在市販されているハードルアーは紫外線をほとんど反射しない。図1－7の右の写真は、紫外線だけを通すフィルタを使って撮影したものである。紫外線を反射すると白く写るはずだが、黒っぽいので紫外線をほとんど反射しないことがわかる。

ルアーが本当に紫外線を反射しているか否かを確認するには、デジタルカメラを使う。紫外線はヒトには直接見えないが、デジタルカメラを通して見ると薄紫色に見える。紫外線反射ルアー

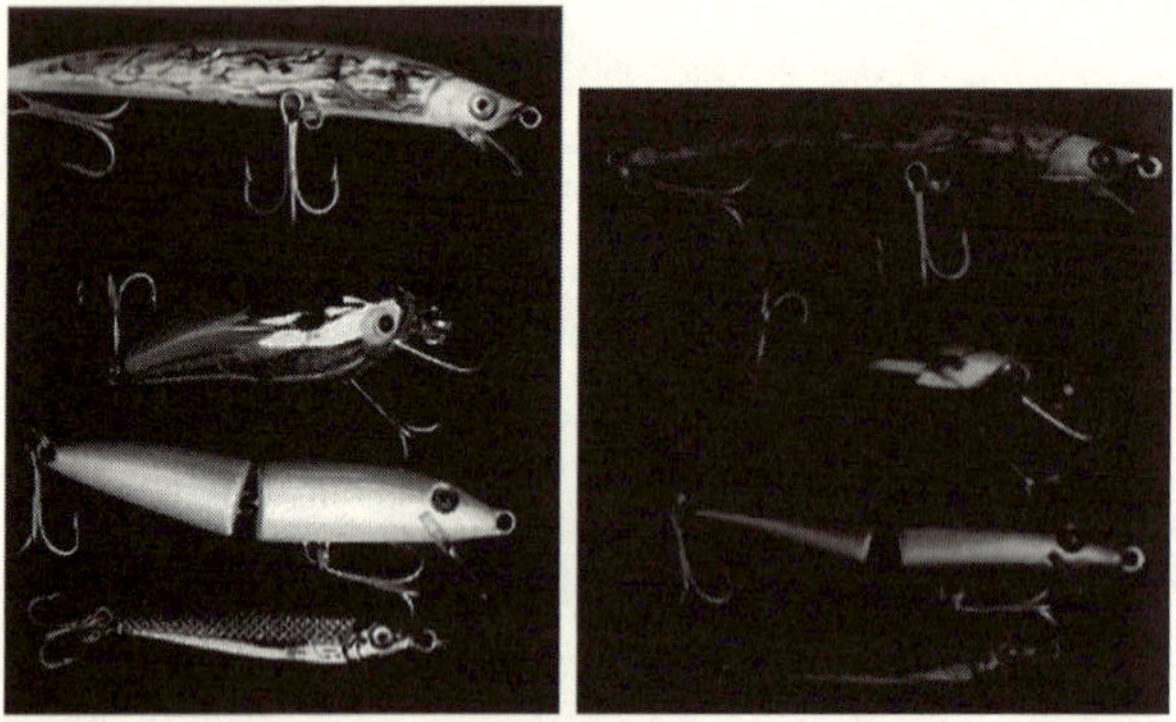

図1-7　ハードルアーの通常の可視光写真（左）と紫外線の反射だけを写した写真（右）

で釣果が上がれば、紫外線反射がオスを誘引することが実証される。多くの釣り人に実験してみてほしい。

自作の紫外線反射ルアーの実釣試験で知っておきたいのは、網膜に紫外線を感じる視細胞があってもレンズが紫外線をカットする魚がいることである。このような魚には紫外線が見えない。その例がサケである。

私が紫外線を反射する魚の体模様に興味をもったのは、「魚形模型に横（水平）縞を描くと捕食魚が食いつくようになったという外国の古い論文がある」と若い眼科医から聞いたからである。カツオ一本釣りの撒き餌はキビナゴが最もよいといわれるが、この話を聞いて以来、その理由は、キビナゴの体側《たいそく》の帯模様が反射する紫外線にあると私は考えるようになった（図2－6参照）。

ここで魚の縦縞模様と横縞模様について説明しておきたい。我が国の魚類学者は魚を吊り下げた状態で縦縞、横縞といっている。魚類図鑑にあるように魚を横たえてみたときに水平な帯模様を縦縞、背鰭側から腹側への縦帯模様を横縞模様といっていて、非常にまぎらわしい。欧米では図鑑で見る状態で体側模様をいうので、我が国のいい方と縦横が逆になる。漁業系の卒業研究発表会で、イシダイの縞模様識別能力を研究した学生に、私はわざと欧米方式のいい方で発表させた。その方が漁業系の人たちにわかりやすいと思ったのだが、そのとき出席しておられた魚類学専門の教授から間違いだと指摘されてしまった。

〝うみたまご〟の愛称で知られる大分マリーンパレス水族館には、計算をするイシダイのショーがある。観客が選んだ数字の札二枚を水槽のイシダイに見せると、イシダイがたくさん並んだ数字の札の中から二つの数字の和を書いた札を口にくわえて運ぶ。だが、イシダイは計算できるはずがない。このからくりは、答えの数字の札に飼育係が紫外線（観客には見えない光）を照射していたのである。イシダイは、紫外線が照射された札を口にくわえて運ぶ訓練を事前に受けていた。

ショーが始められた当時、魚に紫外線が見えることはまだ誰も知らなかった。そのため、このからくりを考えられた大分生態水族館マリーンパレス（現水族館の前身）の館長のアイデアは素晴らしい。ショー用の水槽の裏の部屋ではたくさんのイシダイが訓練を受けていて、最も成績のよい魚がショーのスターになれるのである。私は館長に水族館の裏側を案内していただいて、イシダイの訓練の様子を詳しくうかがった。このことが、その後私が行ってきた魚の学習訓練実験の基礎になっている。

1-7　もう一つの光感覚器

ここで魚の第二の眼といわれるもう一つの光感覚器について述べておきたい。それは松果体《しょうかたい》といって（上生体《じょうせいたい》ともいう）、脳の頂部にある小さな感覚器である（図1-8）。活きた魚の頭を上から見ると、頭頂部の皮膚に色素がなく骨を通して内部が透けて見える部分がある。この下に松果体がある。透けているところは松果体窓といって、松果体に光を透過させる仕組みになっている。

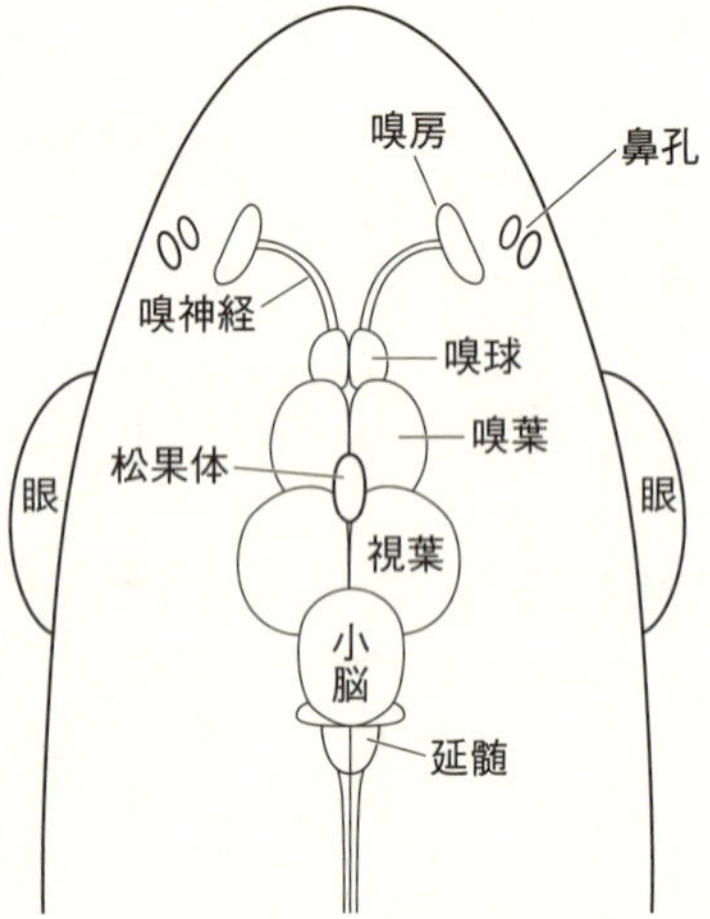

図1-8　マダイの脳と松果体の模式図

松果体は紫外線も感じる光感覚器ではあるが、単に明暗を知るだけの光感知器で、眼のように物の形や色を識別できる感覚器ではない。しかし、明暗の長周期（日周変化や季節変化）の検出をして、生殖巣の成熟などホルモン分泌に関係する。つまり生殖などの生理変化を制御する機構に関わっている。ボルネオ海洋研究所の最近の研究によると、ハタの類の仔魚では眼ができる前に松果体がすでに機能していて光を避けることがわかっている。ハタ類の生態は謎が多いが、仔魚は熱帯域の昼間の強い日射を避けて光の弱い層に沈んでいるにちがいないと私は考えている。

釣りとは直接関係ない器官のように思われるが、魚の生活の理解のために知っておきたい感覚器である。

2章　撒き餌を科学する

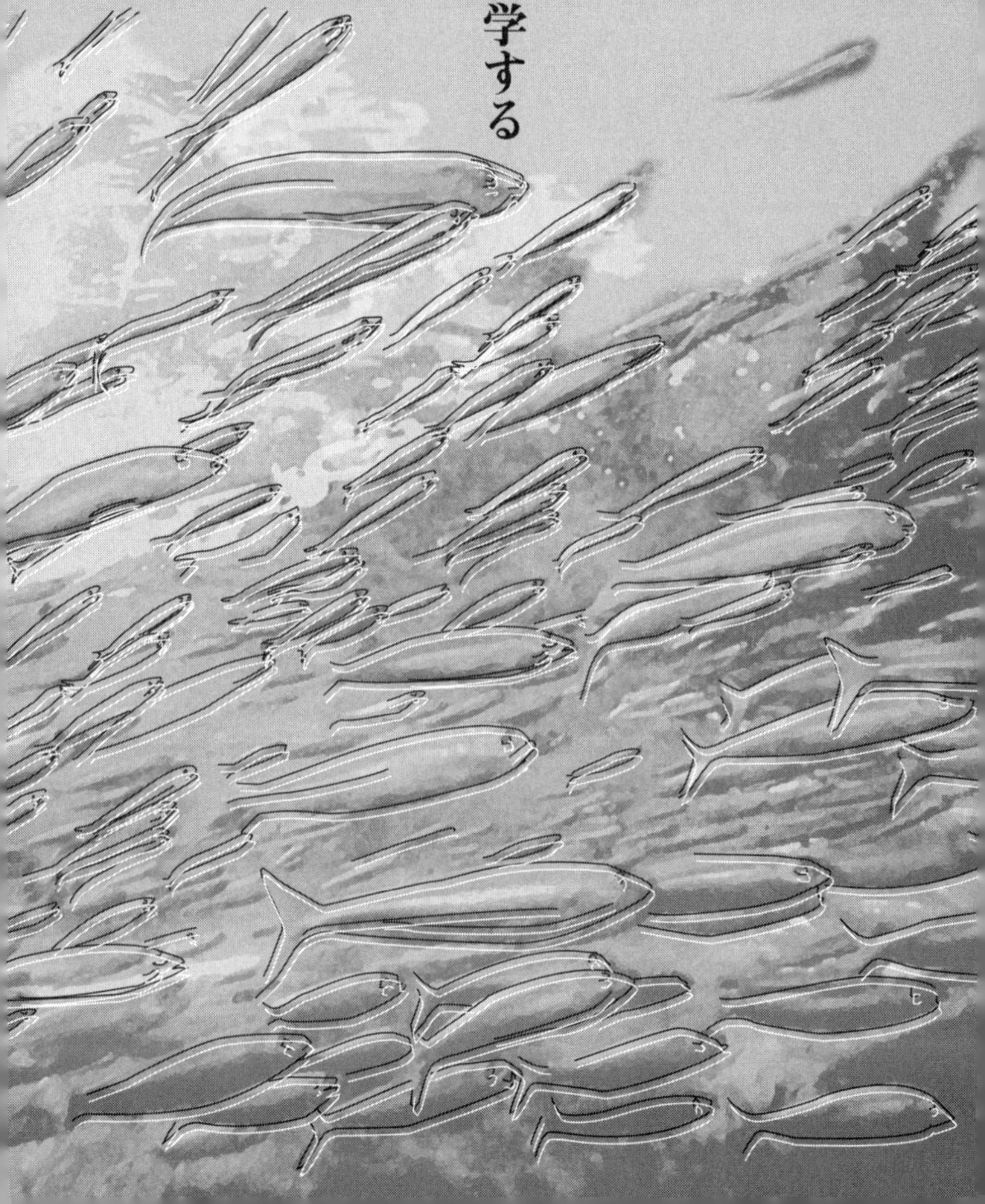

撒き餌（コマセともいう）は魚を集め、かつ摂食欲（食い）を高めるためのものである。一つの魚群を一網打尽にして胃を調べてみると、群の二〇～三〇パーセントの魚の胃が空で何も食べていないことが普通にみられる。魚群の構成員はみな同じ統一性のある行動をするといわれるが、摂食行動はちがうようだ。空胃の魚は食欲がなかったためとはいえ、そのような魚の食欲をも喚起するものが優れた撒き餌だといえよう。

撒き餌に混ぜて魚を集める効果を高める材料もある。それが集魚剤で、現在、多種類の集魚剤が市販されている。釣り餌の老舗であるM社のクロダイ（チヌ）用集魚剤をみると、フェロモン由来の食いを促進するもの、発酵菌を添加したもの、濁りを発生させ視覚効果を高めたもの、ウニと糖蜜を配合した甘いもの、クロダイの視覚と嗅・味覚を刺激する効果を高めたもの、タナの水深に合わせて浮力を加減したもの、等々がある。いずれもクロダイのフカセ釣りの撒き餌や団子に添加する製品で、クロダイ狙いの釣り人なら誰もが誘引されてしまいそうである。

魚の摂食は、まず離れたところの餌の存在を知ることから始まる。それを可能にする感覚は視覚と嗅覚である。味を感じるのは味蕾《みらい》だが、餌に接触しなければ味がわからないので、味蕾では離れた餌の存在を探知できない（3－3参照）。動く餌生物が発生する水の振動を側線で感じてその存在を知る可能性も考えられるが、そのような小さな振動を側線で検出できる距離は魚の体長範囲程度に限られる。したがって、側線は遠くの餌の検出器としては機能できない（4－2参照）。

　ここでは魚を誘引する撒き餌の匂いの刺激効果について述べよう。水中の匂いの拡散は空中よりかなり遅いが、水棲動物にとって匂いは餌の存在を知る重要な手掛かりになっている。

2－1　匂いを感じる仕組み

　魚の眼の前に前後一対の小さな孔がある。これが鼻孔で、前の鼻孔から奥に入った水が後ろの鼻孔から出るようになっている（図2－1）。しかし、鼻孔から出入りする水は鰓《えら》には達しないので、呼吸には関係しない。我々は鼻でも呼吸するが、魚の鼻は匂いをかぐための専門器官である。鼻孔の内部の凹みが鼻腔と呼ばれ、鼻腔の底には多数のひだが集まった花びら状の組織がある。これが匂いを検出する感覚器で嗅房と呼ばれる。嗅房の形は種ごとにちがっていて、種の判別が難しい稚魚では嗅房が種を決める手掛かりになる。嗅房の表面には嗅細胞がたくさんあって、水で運ばれた化学物質の匂いを検出する。図2－2はマダイの嗅房表面の走査電子顕微鏡写真で、クモヒトデとイソギンチャクに似た細胞が嗅細胞である。

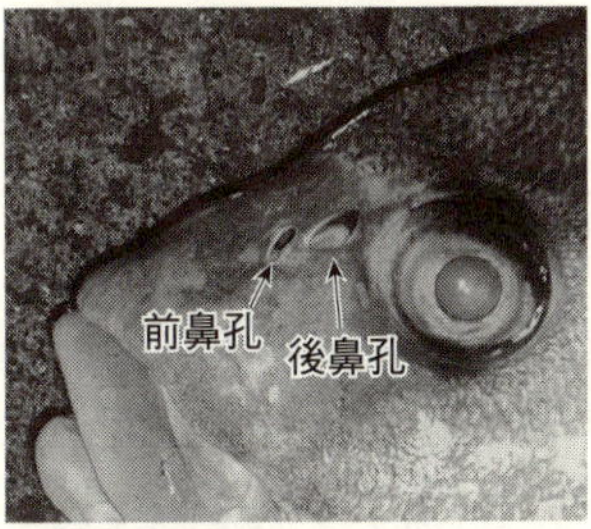

図2-1　マダイの鼻孔

　ヒトは鼻で匂いをかぎ、舌で味をみる。嗅覚と味覚が明瞭にちがう感覚である。ところが魚では、嗅覚も味覚も水に溶けた匂い物質を検出する感覚なので、嗅覚と味覚のちがいが判然としないとよく質問される。これに対する答えは、魚もヒトも、離れたところの物質の匂いを感じるが、味蕾は味物質に触れないと味がわからないところが嗅覚とちがう。そのため、嗅覚器は遠隔受容器と呼ばれ、味蕾は接触受容器とも呼ばれる。

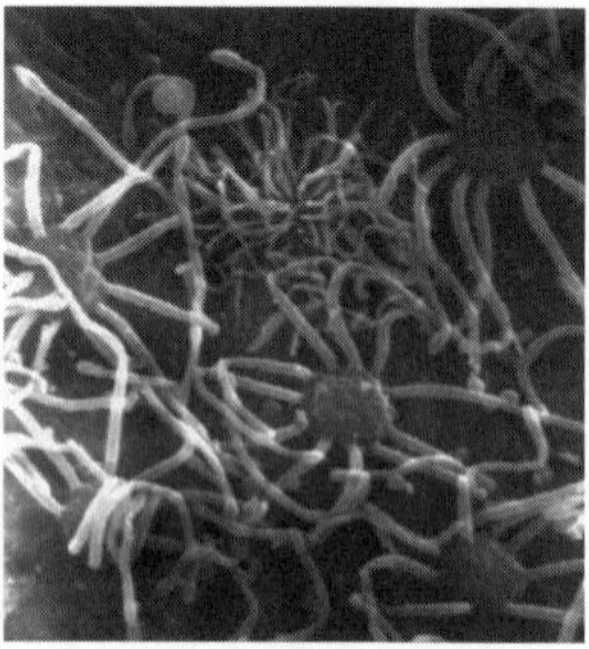

図2-2　マダイの嗅細胞

とはいえ、魚では一つの化学物質（例えばアミノ酸）に嗅細胞も味蕾表面の味細胞も反応するので、嗅覚と味覚のちがいはさらに見えにくい。魚では、嗅房からの嗅覚情報は嗅球と嗅葉と呼ばれる脳の二つの部位で解析され、味情報は脳の延髄で解析される（図1－8参照）。魚は脳からのアウトプットによって行動を起こすが、嗅葉と延髄からのアウトプットはちがうので魚は混乱なく嗅覚行動と味覚行動を起こすことができる。

餌に関係した匂いをかいだ魚は、脳からのアウトプットによって動きが活発になり餌を見つけようとする。これを索餌《さくじ》行動という。魚は匂いの強さの微妙な差を検出して次第に匂いの強い方に向かい、見つけた餌に食いつく。流れがあれば匂い物質が下流に流されるので、魚は匂いの源（匂源）が上流にあることを知る。魚が匂源を知ることができるのは匂いの濃度差と流れが手掛かりになっている。したがって、撒き餌は液状であれ固形であれ、水中で拡散する匂い物質をよく溶出するものであればよい。

一つの魚種でも、同じ匂い物質に対する嗅房から発する情報の強さが魚の系統によってちがう。例えば、鹿児島で養殖されたマダイと鹿児島湾で獲れた野生マダイの嗅覚感度を比べた実験では、両者にちがいはみられなかった。ところが、九州各地で獲れた野生マダイの嗅覚感度を調べると、各種のアミノ酸に対する嗅覚反応がマダイの産地によってちがったのである。これはマダイの系統がちがうと嗅覚感度特性がちがうことを示している。こうなると、鹿児島で効果があるマダイ用の撒き餌が関東のマダイにも有効だといえなくなる。これは釣り人にとって困った問題だが、だからこそ撒き餌の開発が難しく面白い。

嫌いな匂いであれば脳からのアウトプットは魚を匂源から遠ざける。だが、例外もある。匂いが強くて嗅細胞から脳へのインプットが大きいのに、脳からのアウトプットが魚に反応行動を起こさせない匂い物質がある。その物質の例がジオスミンである。最近は脱臭処理技術が良くなって水道水が臭いことはなくなったが、かつては夏になると水道水が泥臭かったりカビ臭くなることがあった。この原因物質がジオスミンと呼ばれる泥臭い物質で、湖沼や川に普通にみられる放線菌と呼ばれる微生物がつくる天然の物質である。アメリカでは広大な池でナマズを養殖しているが、養殖池に高濃度に放線菌が発生すると水が臭くなって、泥臭のために魚が売れなくなるなど深刻な問題が起こる。

ジオスミンの匂いに辟易しながら実験してくれた学生たちによると、ニジマスとティラピアはジオスミンに対する嗅覚感度はヒトの一〇〇〇倍であるにもかかわらず、この匂いから逃げない。そのために泥臭い魚になってしまう。

余談だが、川魚は泥臭いものだと勘違いされていて、コイの洗い（あらい）は泥臭さを抜く処理だと誤解している人がいる。だが、川魚は泥臭い魚ではない。その証拠に、清泉で育った魚は泥臭くないし、泥臭い川魚を清泉な渓流の上流の水や湧き水で飼うと数日間で泥臭が抜ける。コイの洗いは、身を引き締めて旨味を引き出す日本独特の調理方法にすぎない。

科学者にとって、感覚器の機能を調べるのは難しくない。感覚細胞や感覚神経を調べる方法はいくつもあって、実験機器が格段に進化した。ところが、感覚器の機能を知っても、匂いに対する魚の反応行動はわからない。好きか嫌いかを知るには魚の行動を調べなければならない。小規模な水槽ではできない実験を、釣り人なら自然な状態で可能である。その意味で、撒き餌の効果は釣り人の経験で確かめられるといえる。

2－2　効果の高い撒き餌とは

魚が誘引される匂いを発する物質は陸上の植物にも含まれていて、熱帯域ではそういう物質を含む植物の葉を籠漁具などに使っている。伝統的な漁法にはこのようなものが多くみられ、魚類誘引物質の検索には伝統漁法がおおいに参考になる。私がマレーシアとフィリピンで見た伝統的な小型定置漁具は、落ち葉が魚を誘引するといわれる木が生えている海岸に設置されていた。

陸棲生物でも水棲生物でも水中で魚を誘引する匂い成分を発散するものであれば、撒き餌に使える。私が試したのはサツマイモや大麦を発酵させてアミノ酸とアルコールを醸成させ、アルコールを蒸留した後の残留物である。つまり、焼酎滓である。滓といっても成分はペプチド（複数のアミノ酸が結合した分子）がほとんどで、アミノ酸は有効な誘引物質になり得る。

この試験の依頼はオリエンタル酵母工業株式会社と宮崎県の雲海酒造株式会社からで、廃棄処理されていた焼酎滓の有効利用の相談であった。持参の焼酎滓サンプルはひどい悪臭がする粘性の強い液で、魚が好きになれる匂いとは思えなかった。それでも試験を引き受けたのは、当時私は魚の忌避物質を探し求めていたので、焼酎滓が忌避物質として使えそうだと考えたからである。しかし、私の期待に反して、水槽実験ではメジナとクロダイが焼酎滓に強く誘引され、さらに泳ぎが活発になって盛んに索餌行動をした（図2－3）。醸造工場からの焼酎滓原液を二五〇倍に薄めて使っても有効だった。

誘引物質は摂食促進効果をもつことがある。しかし、味も匂いもしないゼラチンに焼酎滓を混ぜてメジナで摂食実験したところ、焼酎滓には摂食促進効果がみられなかった。誘引物質が必ず

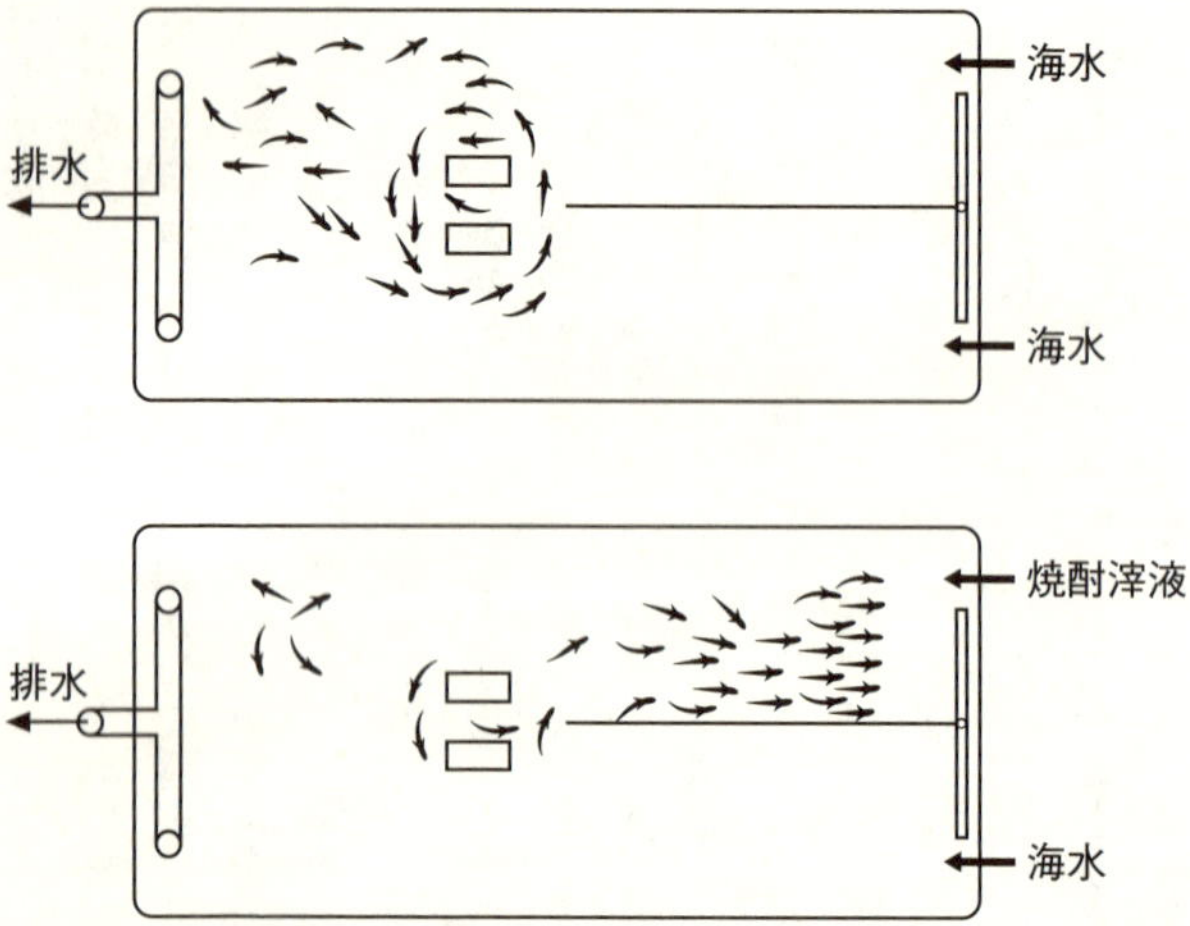

図2-3　焼酎滓の匂いに誘引されるメジナ

しも摂食促進物質ではない例がグリシン（エビ・カニの旨味成分のアミノ酸）である。グリシンの匂い刺激でチョウザメ、ウナギ、ドジョウ、ヒラメ、大西洋タラ、ハゼなど多くの魚が索餌行動を起こすが、摂食促進物質というわけではなく、グリシン入りの餌を食うのはシベリアチョウザメだけである。濃縮ペプチドである焼酎滓がメジナに摂食促進効果がなかった理由は、水素イオン濃度（pH）が低い強酸性のためである。焼酎滓を中性化処理して撒き餌のパン粉などに混ぜれば良好な餌になるはずである。

焼酎滓の誘引効果は意外な結果で、焼酎滓を釣りの撒き餌に利用できそうだとなった。焼酎滓の強酸性はアルカリ性の海水で中和されるので、海に撒いても環境に悪影響を及ぼさない。この試験結果をもとにして開発された集魚剤が

『アミノX』という名で市販されている。『アミノX』は焼酎滓特有の強い悪臭はしない。脱臭処理と魚の味覚に合う中性化処理がされていると思われる。だが、これらの処理方法は企業秘密らしく公表されていない。

焼酎滓が市販されている集魚剤と比べてどれだけ有効かを知りたいと考えて、市販オキアミエキスと焼酎滓のメジナに対する集魚効果を比較してみた。その結果、高濃度では焼酎滓の方が良く、一二五倍以上に薄めると市販オキアミエキスの方が良かった。実験魚の飼育に使っていた冷凍南極オキアミの抽出液を実験的につくって、市販オキアミエキスと比較してみると、市販オキアミエキスの方が誘引効果が高かった。多分、市販オキアミエキスは、集魚効果を高める特殊な添加物処理をしているのだろう。

さなぎをペースト状にした市販集魚剤と焼酎滓の誘引効果の比較では、高濃度ではさなぎが劣ったが、低濃度ではさなぎの方が良かった。集魚剤は濃縮されたものが市販されていて、希釈濃度によって誘引効果が変わるようである。最大の誘引効果を引き出す濃度を知りたいが、それには経験が必要なようだ。

植物由来の集魚効果物質は他にもある。その代表的なものがニンニクで、ニンニクが添加されている集魚剤がある。マダイの鼻は一〇万分の一パーセントの濃度のニンニク汁を検出できる。図2－4は、鼻にニンニク汁を注入したときの嗅神経の電気的応答（スパイク状の応答）を記録

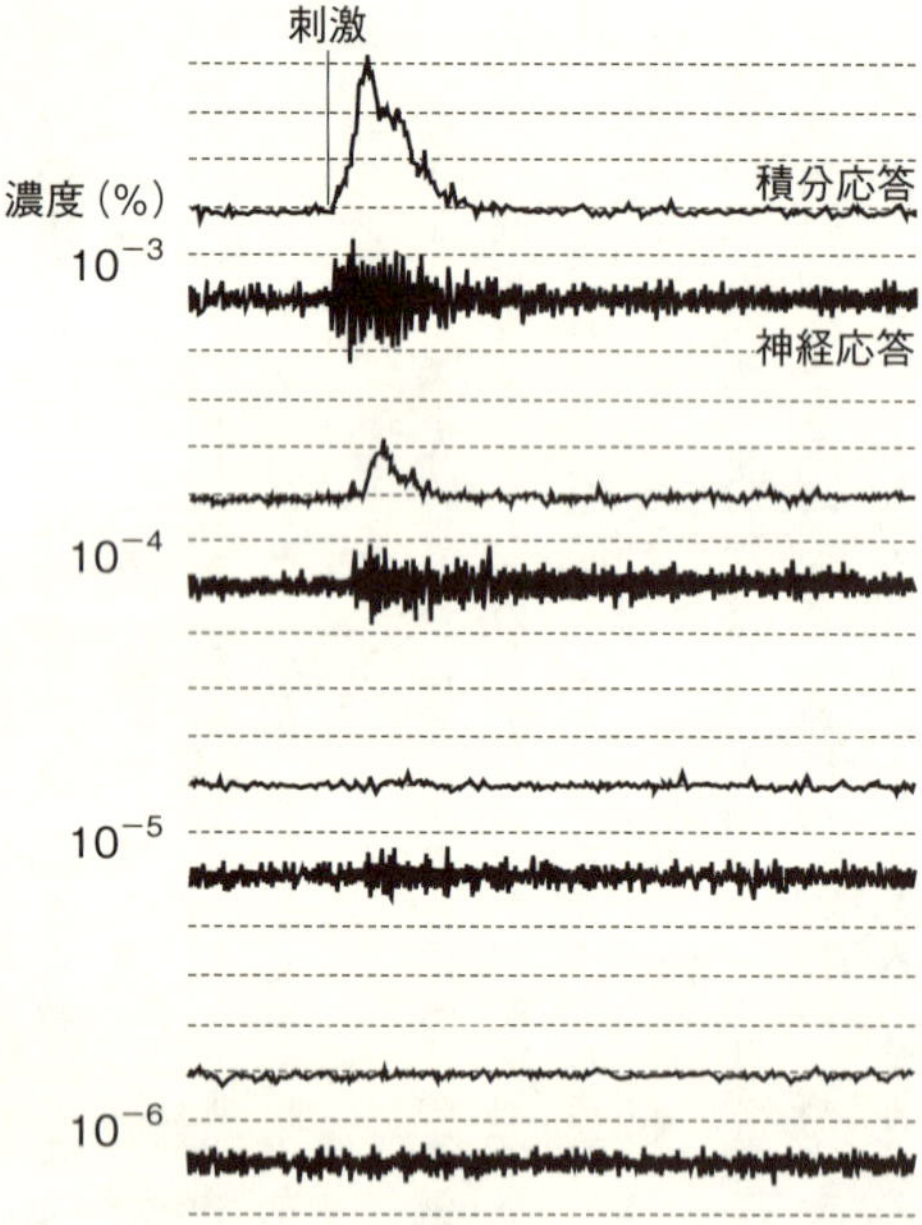

図2-4　ニンニク液で鼻を刺激したときのマダイの嗅神経の応答（Mana & Kawamura，未発表）

した結果である。図の積分応答はスパイクの頻度を積分して応答を見やすくしたものである。ニンニク汁の濃度が一〇万分の一パーセントまで神経応答がみられる。また、摂食行動実験で、マダイはニンニクを好んで食べることがわかった。ニンニクはさまざまな魚に誘引効果と摂食促進効果があり、現在では集魚剤だけでなく養殖用のペレット餌料にも添加されている。

私はマダイにニンニクを食べさせて魚病を治したことがある。研究室でマダイを人工音に反応して餌場に来るように訓練してから放流する〝音響馴致マダイの誘導技術開発〟の研究をしていたときのことだ。大きな生簀で実験していた四万匹のマダイがイリドという病気で毎日一〇〇〇匹以上も死に始めた。鹿児島県水産技術開発センターに相談すると、この病気の特効薬はないという。エビにニンニクを食わせると体力がついて病気に強くなるということを中国人留学生に聞いていたので（彼はその研究で中国政府から表彰された）、エビが元気になるならマダイも同じだろうとニンニクを細かくきざんで食わせてみると、マダイはむさぼり食った。一週間ニンニクを食わせた効果なのか、その後死ぬマダイはなくなった。

撒き餌に添加されている脂質（石油のような鉱物からとれる油ではなく、動植物性の脂のこと）について、アメリカでは効果がないと批判する人たちがいる。脂質には魚を誘引する効果がなく、脂質の匂いが魚の嫌う匂いをマスクして忌避効果を薄めているだけだ、という理由である。もっともらしい理由であるが、日本の釣り人はこの理由を信じないであろう。

日本では〝イカ油〟（本当はイカ脂か？）が魚に対して素晴らしい誘引効果をもつことが昔から知られている。これに対し、魚の乱獲が心配されるとしてイカ油を釣りに使うことを茨城県、神奈川県、広島県などは禁止している。イカ油が禁止されているなら、イカ油の誘引効果の高い成分を抽出して撒き餌にすればいいと、成分抽出を試みた例がある。しかし、成分に分けると誘引効果が低くなることがわかってやめてしまった。イカ油の特定の成分ではなく、個々の成分がミックスされることによって誘引効果が高まるようである。

すべてのアミノ酸が魚を誘引する匂い物質になるわけではない。哺乳動物の皮膚から出るアミノ酸のL-セリンがその例である。川の上流でヒトが手を洗うと、遡上中のサケ科の魚は流れ出たL-セリンの匂いに危険を感じて遡上を中止するといわれる。また、赤潮生物が産出するL-セリンの匂いにも魚は嫌忌反応を示すらしい。撒き餌や釣り餌を素手で扱うのは避けた方がよさそうだ。

最近、フェロモン由来の集魚剤が話題になっている。魚を誘引し、かつ食欲を喚起する物質としてフェロモンを利用したものがイギリスで登場した。生簀の魚に給餌する前に生簀にこのフェロモンを流すと、魚の摂食欲が高まるといい、これが釣り用の撒き餌にも使われて我が国にも進出し始めた。M社のフェロモン系特殊集魚剤を添加した撒き餌がその例である。これが究極的な撒き餌になるのだろうか。

ただ、この撒き餌に使われているのが本当の意味でのフェロモンなのかは疑問がある。従来、同種の仲間だけに特異的に有効である匂い物質がフェロモンと呼ばれ、非常に微量で効果を発するとされてきた。その例として、メスの発する匂いにオスが誘引されて交尾行動が誘発される性フェロモンがある。また、食用大型カニであるガザミの類のオスは脱皮直前のメスを数日間抱えていて、メスが脱皮すると二〜五分で交尾する。脱皮直前のメスの匂いに興奮すると、オスは体に当たったカニを雌雄の区別なく抱えようとする。未熟なメスや脱皮に遠いメスの匂いにはオスは興奮しない。このように、フェロモンは特定の本能行動（この場合はオスの抱え行動）だけを誘発する刺激物質で、刺激と反応行動の関係は固定的である。

昆虫の例であるが、ニカメイチュウが稲に集まるのは稲の匂いに誘引されるためである。また、メスの昆虫は自分の卵を産みつけるべき植物の匂いを知っていて、その植物の匂いに誘引されて卵を産みつける。卵から生まれてくる幼虫はその植物の葉を食べて育つ。これらも特定の匂いが本能行動を誘発させているが、植物が有する食物としての誘引物質や産卵誘引物質はフェロモンとはいわない。

前述のフェロモン由来の集魚剤は、開発した研究所のホームページの掲載文を見ると、同一のフェロモンが異種の魚だけでなく甲殻類にも有効であるという。従来の科学的常識からかけ離れたフェロモンであるが、このフェロモンが化学的にどのようなものかヒントが与えられていないのが残念である。

2-3　カツオ一本釣りの撒き餌

カツオ一本釣りの撒き餌は他の釣りの撒き餌と全くちがって、カツオ群の上の海面に活きたカタクチイワシを大量に撒く。するとカツオ群は海面に浮上して摂食狂乱状態になって、カタクチイワシを追い回してむさぼり食う。そこにアグのないルアーを投げ込んで釣り上げる。カツオ一本釣りでは撒き餌と同時に海面に撒水するのも特徴である（図2-5）。撒水する理由につい

図2-5　左舷から撒水するカツオ一本釣り

て、撒水が海面に降り注ぐ音が、小魚の群れが海面を跳ねる音に似ていて、この音がカツオ群を誘引すると解説するテレビ番組があった。

しかし、ハワイの漁業研究所の研究者たちによる水中撮影フィルムを解析すると、撒水があってもなくても集まったカツオの数は変わらず誘引効果は同じであった。それにもかかわらず撒水があるとよく釣れたのは、撒水が海面を乱すために、下から餌をアタックするカツオが餌とルアーを区別できなくなって、ルアーにもよく食いつくためだと説明された。テレビの解説は根拠のない俗説ということになる。

カツオは餌に嗜好性があって、撒き餌はカタクチイワシよりキビナゴが良いといわれる。だが、キビナゴは活かしたまま長距離運搬できないので、日帰り操業だけに使われている。キビナゴは体側《たいそく》に帯模様があって、これが紫外線を反射する。図2-6上の紫外線撮影写真では帯模様が白く、紫外線が強く反射しているのがわかる。キビナゴの優れた撒き餌効果は、この帯模様にあると私は考えている（1-6参照）。

カタクチイワシを遠い南の漁場に活かして運ぶために、冷却機を使って活魚槽の水温を下げている。これには大きな経費がかかる。この問題の解決のために、鹿児島県水産技術開発センターがカツオ一本釣りの撒き餌にサバヒーを使ってみた。サバヒーは高温にも低温にも強い魚で、冷却機を使わず活魚輸送できる。鹿児島県で最優秀とされるカツオ一本釣り船に試験を依頼したのだが、サバヒーは撒き餌としてカタクチイワシより劣るという結論になった。サバヒーには紫外線を反射する帯模様がないことが原因だったのかもしれない。

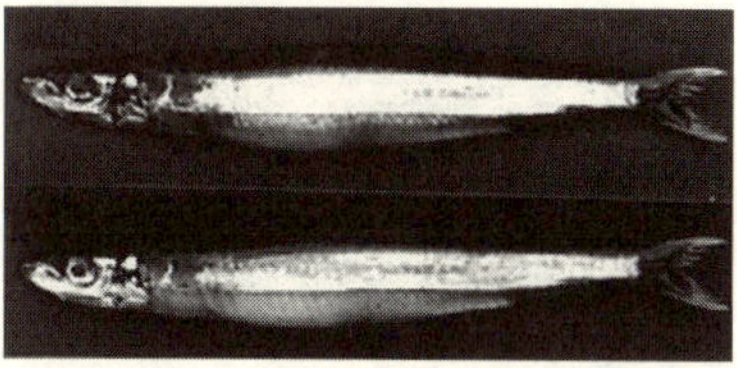

図2-6　キビナゴの普通写真（下）と紫外線撮影写真（上）

2-4　食べて二時間で消化する

一度満腹して去った魚が、次に撒き餌に来るのはいつなのだろうか。ヒトが満腹を感じるのは、胃壁の拡張が迷走神経によって脳に伝わって満腹感を生じるからである。ところが、空腹感の引き金になるのはおいしそうな匂いやおいしそうに見える食べ物など嗅覚や視覚による刺激であり、食物の刺激が食欲を生み出すのである。魚ではどうなのだろうか。

魚の消化管は口から肛門までの食物の通路を中心とする器官で、胃と腸、および消化酵素を分泌する肝臓、膵臓、胆のう、幽門垂という消化腺を含めて消化器系という（図2-7）。

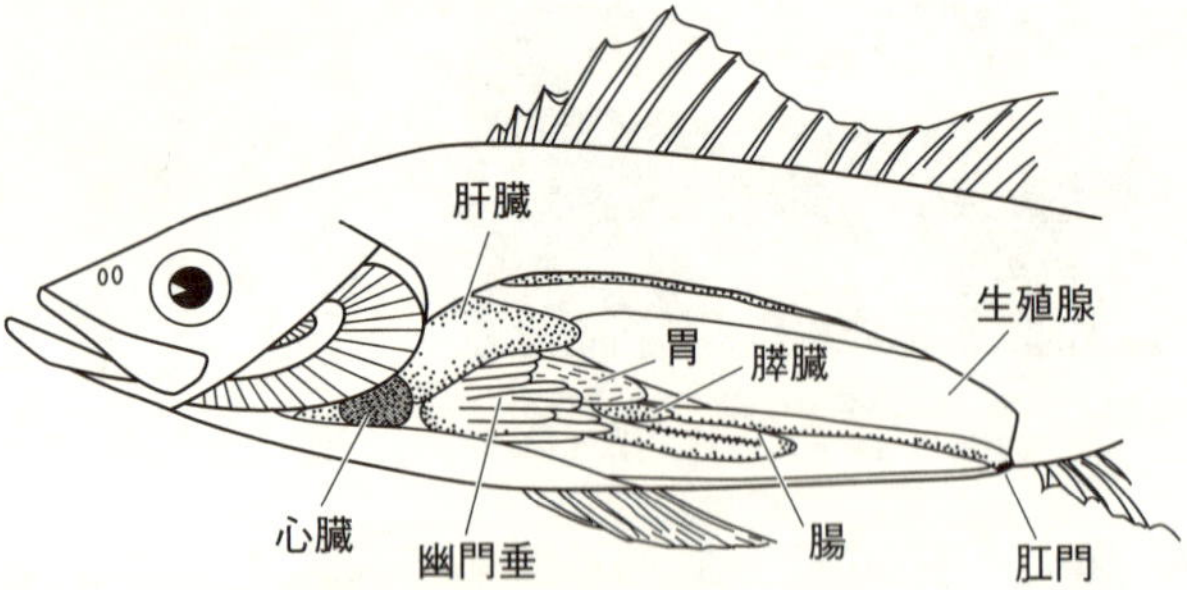

図2-7　スズキの内臓

口に取り込まれた餌は消化管内で細分化され、消化液によって分解され、消化管の壁を通して体内に取り込まれる。残りは糞として肛門から排出される。消化管内の餌がある程度消化されると魚は撒き餌に反応し始めるだろうから、食欲を消化管内の餌の残量で測ることができそうである。

では、消化管のどの部分を見れば空腹の程度がわかるのか。魚が何をどれだけ食べているかを調べるとき、胃を開いてみるのが普通の方法である。ところが、胃をもたず食道が直接腸につながっている魚がいる。このような魚を無胃魚と呼んでいる。無胃魚にはコイ科、ドジョウ科、メダカ科、サンマ科、トビウオ科、ベラ科、トウゴロウイワシ科、ブダイ科と種類が多い。胃を調べたのではどの魚にも共通する空腹を知る基準にはならない。

どの魚ももっている腸を調べれば、空腹の度合いを知ることができるだろうと当然考える。しかし、腸にも問題がある。長い腸のどの部分が空になると空腹といえるかを考えると簡単にはいかない。腸の長さは食性と関係があって、肉食性の魚の腸は短く体長の〇・五～〇・八倍、草食性のソウギョでは約二倍、雑食性の魚では種類によって大きくちがうがキンギョでは約五倍、水底の泥と一緒に有機物を取り込むサバヒーでは八・五倍である。腸のどの部分が空になると食欲を生み出すかを決めるのも簡単ではない。ここでは無胃魚を無視して胃の状態から空腹を考えよう。

胃は餌を一時的に貯める貯蔵庫である。残念ながらこの貯蔵庫内の餌の量と空腹感の関係がわからない。また、胃は食べた餌の量によってゴムのように収縮するので、どれだけ餌を食べると満腹といえるかもわからない。しかし、胃の中の餌が時間の経過によってどのように減っていくかはある程度わかる。

図2－8に、西海区水産研究所の岡田啓介博士が底曳き網で獲ったマダイの胃内容物を詳細に調べた結果を簡略化して示した。操業は黄海で二日間にわたって繰り返し行われたので、胃内容物の変化がわかる。これによると、摂食のピークは朝の九時頃で、そのときの餌の八五～九五パーセントは未消化である。その二時間後には、胃内容物量がおよそ六四～六九パーセントに減って消化が進んでいる一方で、若干の摂食がみられる。消化された餌も含めた胃内容物量が半分になるのはおおよそ四時間後とみてよい。そして、胃内容物がほとんど消化されて全量が約一三パーセントに減った九時間後には少し摂食している。これらからいえることは、食べた餌は二時間

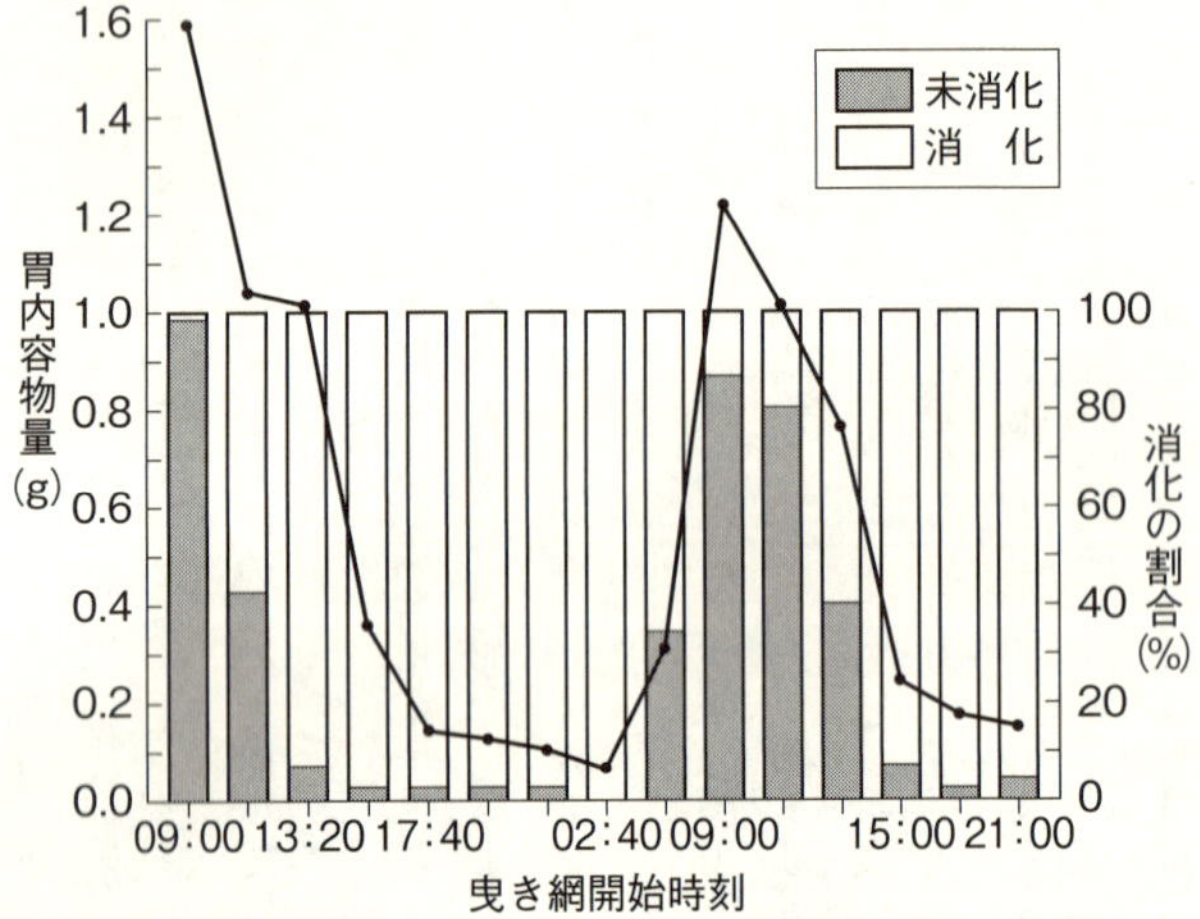

図2-8　マダイの胃内容物量と消化の変化（岡田，1965より改変）

を待たずに消化が進み、胃が空になる前に再び摂食を始める。つまり、満腹した魚は胃内容物量が六〜七割程度になる二時間後には再び撒き餌に興味を示すようになる。二時間後には潮が変わってしまう可能性があるので、撒き餌を食べて去っていった魚が同じ場所で再び撒き餌に寄ってくるかはわからないが、待つことができれば二時間は指標の一つになるだろう。

撒き餌に集まった魚が満腹するまで撒き餌を食い続けるとは限らない。釣り続けているうちに魚群が交替することもよくある。

サバの夜釣りは、集魚灯と撒き餌で魚を船に寄せ集めて釣る。魚の食いが悪くなると操業場所を変えて、魚群探知機に魚群が認められると停船して再び釣り始める。一つの群が操業の初めから終わりまで船の下に居続けるかどうかを、練習船の試験操業で調べてみた。撒き餌（カタクチイワシのミンチ）を二〇〜三〇分間撒いた後に、食用色素赤色一〇六号で染めた撒き餌を一五〜二〇分間撒き、さらにその後に再び染めない撒き餌に変えた。一匹の魚がこれらの撒き餌を食い続けたなら、胃の中には染めない撒き餌、その上に染めた餌、さらにその上に染めない撒き餌が層状になっていることが期待される。

実際に釣れたゴマサバの胃内容物は期待とはずいぶんちがって、赤い撒き餌を食った後に染めない餌を食っていたり、操業の終盤に釣れた魚は赤い撒き餌を食っていなかった。つまり、赤い餌を撒き始めた後に集まった魚と、赤い餌を撒き終わった後に集まった魚とを釣ったということで、魚群の交替があったことを示している。漁船による操業でも、途中で魚群の交替があって、釣れる魚のサイズが突然変わることがよくある。撒き餌を使って釣り続けているときには、食いが一時止まっても別な群が寄ってくるのを期待できる。場所を変えた方がよい場合もありそうだが、やみくもに移動する必要もなさそうである。

3章　釣り餌を科学する

我々が〃おいしそう〃と感じる食品は、味はもちろんであるが、見ためや匂いが重要な要素である。包装のデザインだけでも〃おいしそう〃が決まる。そして〃おいしそう〃という感覚は人によって個人差があるので、売れる食品の開発には大変な苦労がともなう。

釣りの対象になる魚は数千種、それぞれが餌に対して異なる嗜好性をもつなら、効果的な釣り餌の種類は魚の種類数と同じになる。しかし、一つの餌を複数の魚が好むことを我々は知っている。例えばミミズは海産魚にも淡水魚にも使える釣り餌で、カタクチイワシの活き餌は多くの海産魚が好む釣り餌である。釣り人は誰もが多くの魚に共通して好まれる釣り餌を求めている。ここでは釣り餌について考えてみよう。

3−1　活き餌

活き餌（生き餌とも書く）は、最も古くから用いられている釣り餌で、最も成功度の高い餌の一つである。

淡水魚対象の活き餌は、例えば湖や川のコイ釣りにはミミズ、タニシ、エビなど釣り場周辺の水辺にいる動物を捕まえて餌にするのが基本である。活き餌釣りの場合は釣り対象の魚がいつ、どこにいるかを季節的に知っておくだけでなく、餌生物の生態も知っておく必要があることに面白さがある。しかし、私の子供の頃とちがってコイ釣り用の活き餌を見つけるのが難しくなってきた。市販のコイ用の餌に頼らざるを得ないのは釣り人が怠惰になったせいではない。餌生物の棲息環境が悪化しているからである。幸い、誘引剤を添加したコイの餌が多種類市販されていて、選択の楽しみはある。

渓流釣りの活き餌も渓流に棲む水棲昆虫の生態を知ることが肝要である。水棲昆虫の生態は季節ごとに異なる。ここではその詳細までは説明しないが、渓流釣りの手引書には詳しく書かれている。

海釣りの活き餌は魚、カニ、エビである。カタクチイワシ、ハゼ、チカ、マアジ、キス、ネズッポ類、ニシンなど多様な魚が活き餌に使われている（図3－1）。活き餌は元気に動いてさえいれば掛け方はどうでもよさそうであるが、実際には活き餌の動きは掛け方によって微妙にちがい、それが釣果に影響する。また、魚の大きさによっても動きがちがう。

活き餌が魚の場合、針が外れにくいところを選んで鼻掛け、頭頂部掛け、背掛け、尾柄部掛けをする。このとき、針に掛けられた魚が元気に自然な泳ぎをするように餌掛けをしなければならないとするベテランの釣り人がおられる。一方、元気な活き餌でも不自然な動きをすることは避けられず、不自然な動きが魚を誘引するというベテランの釣り人もおられる。私は後者の支持者である。名古屋大学の田村保教授の実験では、スズキを惹きつけたのは、小魚の直線的な遊泳よりも変則的な遊泳であった。また、大型魚が小魚の群を襲う研究用の海中映像では、群れから少

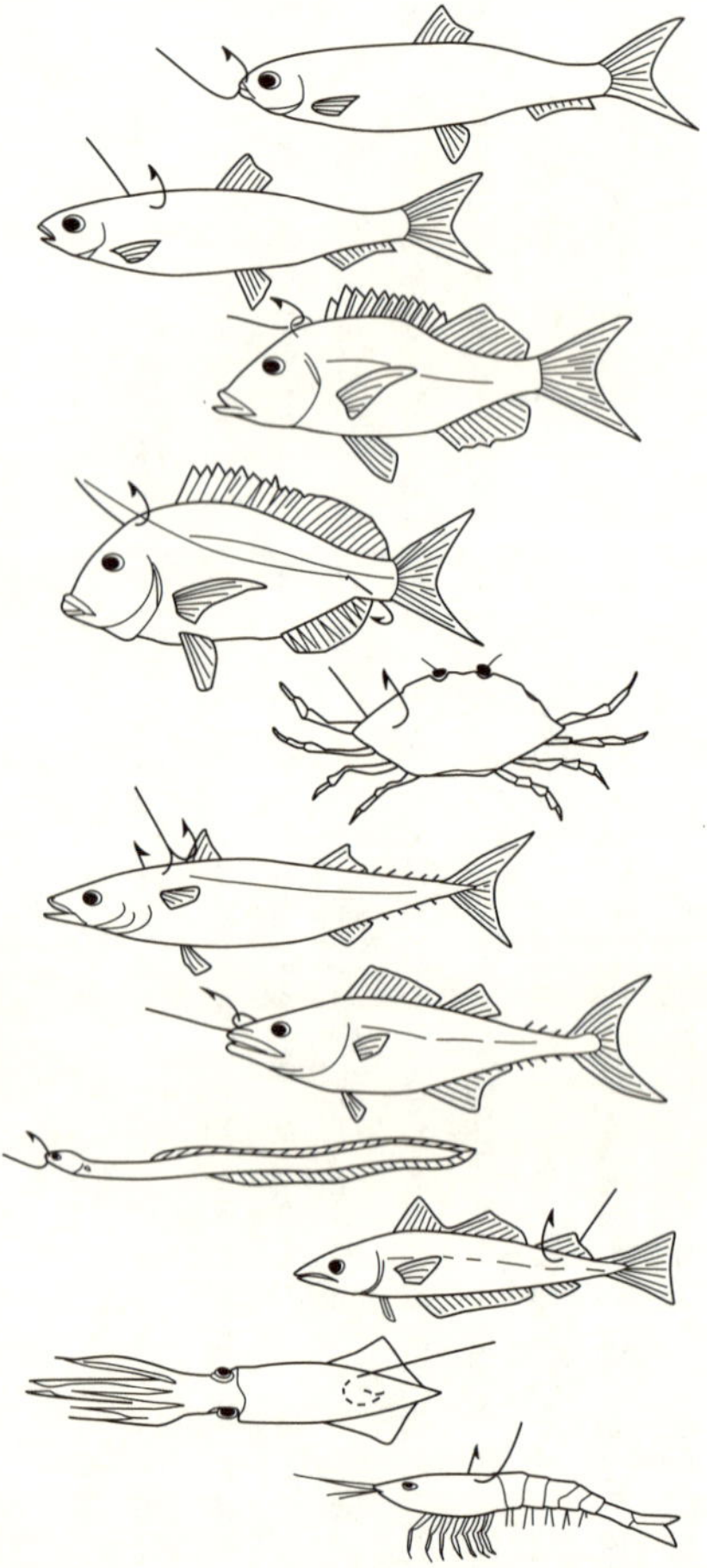

図3-1　さまざまな活き餌の針掛け（ウォルトン，1970より）

し離れて変則的な泳ぎをする魚だけが食われていた。映像では変則的な遊泳をする魚は弱っているようで、食われやすいように見えた。

こうしたことから、活き餌釣りでは、魚が元気ではあるが動きは変則的であることと、魚が針から外れにくいように餌掛けすることが肝要と思われる。

私が乗船したカツオ一本釣り船の操業で、食いが止まって沈下したカツオ群が瀬の上に滞留したことがあった。私は瀬のタナにルアーを入れて上下に振ってみたが全くアタリがない。そこで、ルアーをやめて鼻掛けしたカタクチイワシの活き餌に変えるとすぐにアタリがあった。ルアーの動きとはちがうカタクチイワシのどんな動き（変則的な動きだろう）がカツオを誘引したのだろう。動きが生ずる水の振動だろうか、それとも眼で見た動きの視覚効果だろうか。その解答は4章で説明する。

3－2　恐怖物質は実在するか

活きた魚を針掛けして活き餌にする場合の誤解を解いておきたい。それは骨鰾類《こつぴょうるい》の皮膚が傷ついたときに傷口から放出される〝恐怖物質〟と呼ばれる一種のフェロモンのことである。後に〝警報フェロモン〟とも呼ばれるようになった物質である。

魚の恐怖物質を発見したのはオーストリアの動物行動学者フォン・フリッシュ博士で、彼はミツバチの8の字ダンスなどの社会行動の研究でノーベル医学生理学賞を受賞している。彼は魚の聴覚の研究でも多くの業績を残した研究者で、ミノーという淡水魚を使って聴覚実験をしているときに恐怖物質を発見した。彼の研究によると、恐怖物質は皮膚の細胞に含まれていて、皮膚が傷ついたときに体外に放出され、その匂いを感じた仲間の魚は寄り添うように水槽の隅に集まって警戒行動を起こす。また、捕食魚は恐怖物質の匂いを嫌って、傷ついたミノーと仲間のミノーを食おうとしなかった。さらに、恐怖物質をもつ魚は骨鰾類に限られていることも明らかにした。

ところが、後年、若い研究者がフォン・フリッシュと同じ実験をミノーを使って試みると、傷ついたミノーの仲間は警戒行動を示さないし、傷ついたミノーは捕食者であるパーチに食われてしまった。さらに、生理学者たちが電気生理学的手法で恐怖物質に対する魚の嗅覚神経の反応を調べると、鼻を恐怖物質で刺激しても嗅覚神経はなんら反応しないのである。つまり、恐怖物質とされる物質は匂い物質ではないということになった。今では恐怖物質の存在は否定されているが、多少は魚のことを知っている人たちはまだ恐怖物質の存在を信じておられる。

骨鰾類とは鰾《うきぶくろ》と内耳が小さい骨片によってつながっている構造をもつ種類で、音に応答して発生する鰾の振動が骨片を通して内耳に直接伝えられるので、非骨鰾類より聴覚が鋭いといわれる。骨鰾類には淡水魚ではコイ目（コイ、フナ、タナゴ、タモロコ、アブラハヤ、ウグイなど約三〇〇〇種）が代表的な魚で、海産魚はネズミギス目（ネズミギスやサバヒーなど）が含まれ、非常に大きなグループである。

針掛けは皮膚を傷つけるので、骨鰾類が恐怖物質をもつならば活き餌として使えないはずである。しかし、活き餌は常に有効な釣り餌であることは釣り人の間でよく知られている。森秀人氏は『釣りの科学』（講談社）にこう書いておられる。「フリッシュはこの警報フェロモンを恐怖物質（アラーム・サブスタンス）とよんで、大型の肉食魚などに噛まれた魚が、わが身を犠牲にして出す種族保存本能の一方法だと主張している。しかし、同じ淡水魚でも警報フェロモンを出さない魚もいるし、海水魚のほとんどはこれを出さない。たとえば、アジの身はアユ釣りなどにも使用される、相当に良質な身餌であるが、これでアジを釣ることができる。もしアジの皮膚から警報フェロモンが出るならば、とうぜんアジは逃走するはずなのに、アジの内臓によるコマセで集魚し、その同じアジの身で釣ることができるのだから、淡水魚と違うのである」。自分の体験に基づいてノーベル賞受賞学者の研究成果に疑問を投げかけた勇気ある釣り人の記述である。

恐怖物質について次のような話もある。「マグロを満載したマグロ延縄船が難破・沈没して以来、その海域でマグロの不漁が続いた。その原因は沈んだ船のマグロから恐怖物質が溶け出していて、その匂いのためにマグロが寄りつかなくなった、とマグロ延縄船主たちが言っている」。そろそろ恐怖物質のことは忘れていい頃であろう。

3－3　どの魚にも有効な釣り餌はあるか

私が家族と一緒に鹿児島県・屋久島の河口で釣りをしたとき、息子が刺身皿のわさび団子でシヨウサイフグをたくさん釣った。それを同僚に話すと、彼は底延縄の餌にホルマリン漬けの魚肉を使って釣ったという。私は魚の味覚はヒトの味覚とちがうことは知っていたが、そのちがいの大きさに驚いた。釣り人のなかには魚の味覚は鈍いと思っている人がいるようだが、多分、このような経験からだろう。一方で、多くの釣り人は、釣り餌の選択に神経質にならなければ釣れないことも知っているだろう。

魚の胃内容物を調べるとさまざまな餌生物が入っているが、主に食っている餌の種類は限られている。そして、その種類は、その水域に最もたくさんいる種類とはちがう。ということは、魚は、周りにたくさんいて食いやすい生物を食っているのではなく、餌を選択して食っていることがわかる。

この餌選択について、魚は自分の成長に有利な栄養価の高い餌を選択している、という説がある。東北大学農学部・畑中正吉教授がカタクチイワシ（一グラム当たり〇・六七カロリー）とオキアミ（一グラム当たり〇・五九カロリー）をマサバに食わせて成長を調べた実験では、単位当たりのカロリーが高いカタクチイワシを食った方が成長がよく、多く食うほど成長がよかった。しかし、釣りの経験では、魚は常に万能餌といわれるオキアミの方をカタクチイワシより好む。つまり、魚は栄養価とは無関係に餌を選択しているのである。その選択には、視覚的な特徴と化学的な特徴（味と匂い）が関わっているにちがいない。

魚でも味覚の感覚器は味蕾である。ヒトの味蕾と解剖学的な特徴はよく似ているが、ヒトとの大きなちがいは魚の味蕾は口腔内だけでなく唇など体表にもあることだ。図3－2の写真はアフリカナマズ仔魚の触鬚《しょくしゅ》と（上）、オオクチバス稚魚の下唇と舌（下）の表面の走査電子顕微鏡写真で、突起物はみな味蕾である。味覚がよく発達しているナマズの一種チャネルキャットフィッシュの体表全体と鰭《ひれ》表面の味蕾数は約六八万個で、成人男子の約一〇〇倍である。ヒトの味蕾は舌に集中していてその数は約五〇〇〇個、口蓋や咽頭および喉頭にも味蕾があるので口全体で約六〇〇〇個である。味蕾数が多ければ味覚感度が高いとはいえないだろうが、餌を口に入れる前に体表味蕾で味を検知できるのは好都合である。

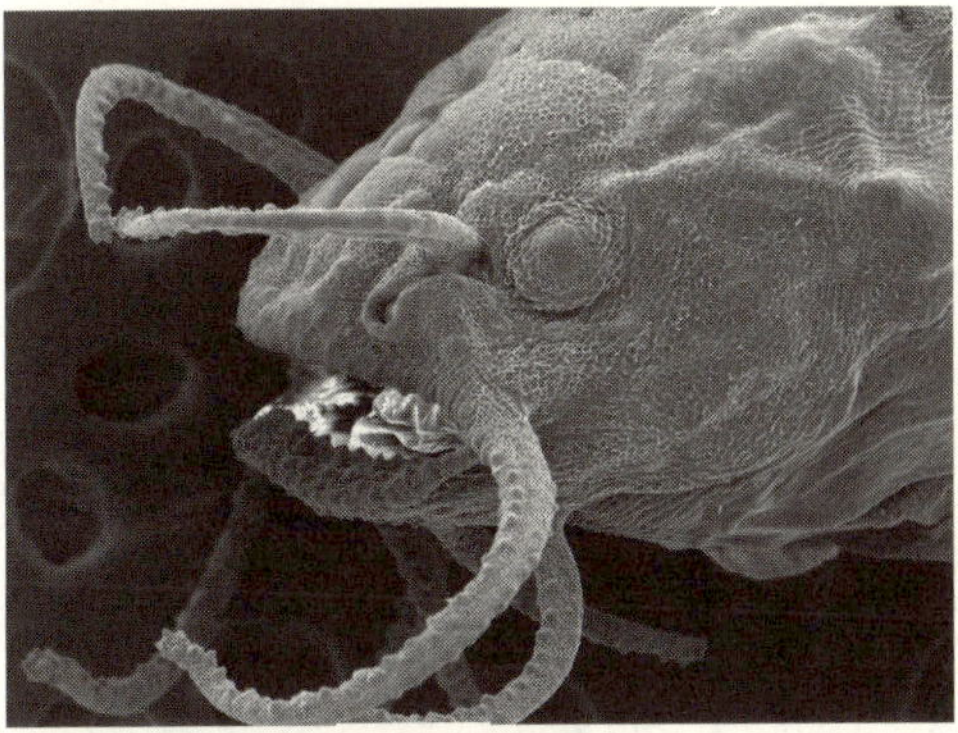

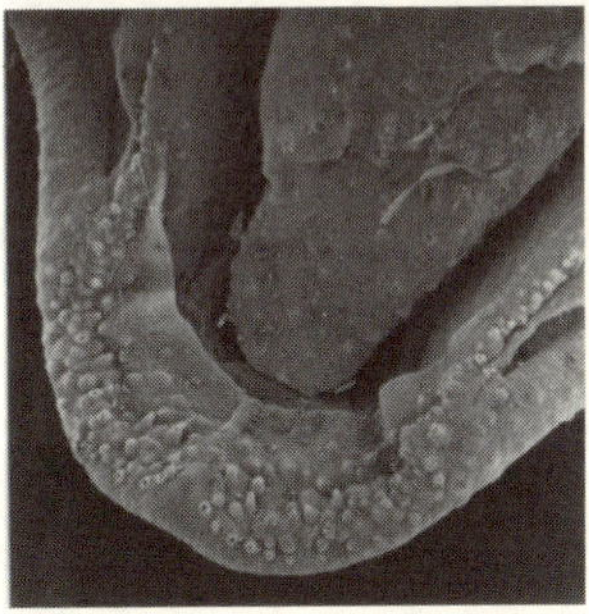

図3-2　アフリカナマズ仔魚の触鬚表面の味蕾（上）とオオクチバス稚魚の下唇表面の味蕾（下）（写真上：向井幸則氏提供　写真下：Kawamura & Washiyama, 1989より）

　体表味蕾と口腔内味蕾は解剖学的な構造は同じであるが役割は異なる。例えば、柑橘類に多く含まれるクエン酸は多くの魚に好まれる味物質で、チョウザメはクエン酸を下顎の触鬚の体表味蕾で検出すると、索餌行動が活発になる。ところが、クエン酸入りの餌を食ってもすぐ吐き出す。体表味蕾は餌を口に入れるか否か第一次スクリーニングの役割を果たし、口腔内味蕾で餌を呑み込むか否かの第二次スクリーニングをするのだ。

第一次スクリーニングを決してパスしないのが、有毒な物である。その例が、フグ毒である。フグ毒は人間にとって青酸カリの三〇〇倍も強い神経毒で、フグ毒をもたない魚にとっても猛毒である。ニジマスとアルプスイワナで調べた例では、どちらもフグ毒に対して非常に高い味覚感度をもっていて、フグ毒を混ぜた餌には唇で触れただけで摂食を拒否する。

口腔内味蕾による第二次スクリーニングをパスして、呑み込まれやすいのが蔗糖である。蔗糖を含む餌は多くの魚種によく好まれる。ただし、例外もある。釣り人を悩ます〝餌取り〟であるフグは蔗糖を好まない。砂糖漬けの餌を使うと選択的にフグを避けて釣ることができそうなので、試してみたい。

オキアミ、ゴカイ、ミミズは淡水魚、海産魚を問わず、いろいろな魚の釣りに使われる優れた釣り餌である。これらに共通して含まれている摂食促進物質が、ジメチルプロピオテチン（DMPT）と呼ばれる有機化合物である。この物質は摂食促進だけでなく急激な酸素欠乏や水温上昇に対する魚の抵抗性を高めるので、市販されている養殖魚の餌に添加されている。

植物から抽出したもので魚の摂食欲を高める物質の例として、グルタミン酸とクルクリンがある。グルタミン酸は昆布の旨味成分であり、クルクリンは熱帯植物のクルクリゴ・ラチフォリアの果実（果肉）の乾燥物から抽出される。グルタミン酸を主要原料とした化学調味料を釣り餌にまぶすと、魚種によっては効果がありそうだ。

究極的な釣り餌は、どの魚種および個体にも有効な釣り餌である。しかし、魚の味覚研究が進むにつれて、次のことがわかってきた。どの魚種にも有効な化学成分は限定されていること、一つの群れの中の魚でも味の好みに個体差があること、さらに魚の味の好みは遺伝的であることだ。これでは究極的な釣り餌は夢でしかない。だからこそ、自分が今使っている釣り餌に対する期待と不安があり、釣りが面白いのだろう。

ベテランの釣り漁師から、〝最初に釣れた魚の胃に入っているものを参考にして釣り餌の種類を決めろ〟と私は教わった。魚の餌の好みは季節や場所によって変わる、すなわち、普段摂食している餌が好みに影響を与えるという。これは彼の経験則で、〝魚の味の好みは遺伝的である〟という味覚研究の成果と矛盾するように思われる。だが、魚が食いつきやすい餌は必ずしも餌の味だけで決まるものではないと考えると矛盾しない。

3－4　魚が好む匂い

魚には味に対する好みがあり、餌の種類によって食いがちがうことは経験的に知られている。では、匂いに対する好みはどうだろうか。これは、魚が餌の匂いに誘引されたのかどうか、と言い換えることができるが、よくわからないことが多い。

カレイ類の釣りでは、匂いが強いエラコが好んで使われるが、尻尾を切って匂いの発散を大きくする方法が成功していることから、匂いが重要なのであろう。エラコは東北から北海道の沿岸に筒状の巣で塊をつくって棲息しているチューブ虫で、よく釣れる餌として定評がある。

フィリピンでは、伝統的な浮き魚礁（パヤオ）についたマグロを釣るときに、イカ墨を使っている。イカ墨は、魚が好む匂い物質である。イカ墨を薄いビニールシートで包んで親指の先ほどの玉をつくり、それを針に掛けてからビニールシートに小さな孔をいくつか開けて海中に入れる。釣り糸をしゃくるたびに小孔からイカ墨が少しずつしみ出る。イカ墨に高濃度に含まれるアミノ酸が魚を誘引するのであろう。

イカは外敵から襲われると漏斗（胴の付け根の部分にある突き出た管）から海水と一緒に墨を噴出する。イカ墨は粘液物質を含むために吐き出された墨は拡散せずに不定形の塊のようになって漂う。日本では、イカが墨を自分のダミーとして吐き出して外敵の眼がそちらに向いている間に逃げる〝分身の術〟といわれているが、これは俗説である。フィリピンの漁師は、イカ墨の匂いの誘引効果を知って釣り餌にしているのである。

サバの匂いはカジキを誘引する、と昔からいわれていて、カジキ延縄にはサバがよく使われている。サバのカジキに対する誘引効果の高さは、スペイン国立海洋研究所の研究員によっても証明されていて、サバの匂いはイワシの匂いの二倍以上の誘引効果があるという。サバの匂いはカニ類もよく誘引するので、カニ籠というカニを獲る漁具の餌に使われているが、問題はサバは腐敗が速いことである。一昼夜海水に浸けておくとひどく臭くて、素手で扱えなくなる。

新鮮なサバの匂いを保持したまま腐敗を防ぐ方法はないものかと考えていたところ、宮崎県の安井株式会社によって魚肉を高分子化する技術が開発された。高分子化とは、魚肉にゲル化剤と可塑剤とを混ぜて、適度に加圧・加温する過程で材料を高分子状にすることで、製品はゴム状になる。ゲル化剤とは、澱粉のように、液体をゼリー状に変化させる物質である。可塑剤とは、素材を柔らかくする物質で、グリセリンなどが使われる。このような製品を生分解性プラスチックと称していて、新鮮なサバの匂いも味も保持され、常温で腐敗しない。

これをカニ籠に入れて、大学附属実験所の海水池で試験したところ、カニの漁獲は少なかったが高分子化餌料の籠にはどれも小型のメジナが二〇～三〇匹入っていた。高分子化処理でサバの匂いがメジナが好む匂いに変質したのかもしれないが、サバの高分子化餌料は撒き餌や釣り餌に使えそうである。

高分子化技術は匂いと味を常温で長期間保てるうえ、どんな餌にも応用できる。高分子化撒き餌や釣り餌ならば、釣り場で余っても捨てずに持ち帰って再び使えるので、釣り場の保全にも貢献できそうである。

3-5　メジナ、クロダイは黄色を好む

釣り人は、昔から魚にはルアーの色に対して好みがあると信じていた。魚に色の好みがあるか否かについて、最初の論文が出されたのは一九〇九年である。それ以来、科学者の間では論争が延々と続いてきた。その後、魚が色を識別できることは確認されたが、色に好みがあるか否かについては、なかなか明確な結論が得られなかった。

結論が得られなかったのは、色を識別できる魚が特定の色の餌を好んで食べても、餌の色そのものの効果なのか、背景と餌のコントラスト（餌の見えやすさ）の効果なのか実証が難しいからである。水産学関係の文献には、対象魚が色覚をもつか否かを考えずに漁具の色を論じたものも多い。

私は魚の色覚を調べてきたので、魚が好む餌の色を見つけたいと考えてさまざまな魚で実験を試みたが、魚に色の好みがあることさえ証明できなかった。そこにオリエンタル酵母工業株式会

社から、「メジナとクロダイが好む釣り餌の色を調べてほしい」という難題がもちこまれた。メジナとクロダイは、釣り人の間では悪食といわれていて典型的な雑食性魚である。このような魚が特定の色の餌を好むとは思えなかった。しかし、それだけに挑戦しがいがあると考えて、実験を引き受けた。

餌の色に対する好みを調べるには餌の匂いの影響を排除したいと考えて、ビニール製のルアーで実験したが、うまくいかない。依頼会社から、魚の餌付けに使ったオキアミをさまざまな色に染めてはどうかという提案があり、食品用色素で青、緑、黄色、赤に染めたオキアミと墨汁で黒く染めたオキアミを提供してくださった。結果は上々で、メジナ（全長二二～三一センチ）とクロダイ（全長二八～三八センチ）はどの色のオキアミも忌避することなくすべて摂食した。

二つの色のオキアミをそれぞれ一個ずつ一つの組み合わせにして与え、先に食いついた色を指標にしてメジナの好みを調べた結果が、図3－3である。嗜好性の強さを嗜好性指数という確率的な値で示した。水槽は内壁が白と灰色の二つを使い、さらに附属実験所の沖に係留した生簀でも試験した。嗜好性が高いのは自然色と黄色で、最も低いのは青であった。自然色とは染めていないオキアミのことで、餌付けに用いた餌に慣れていたために高い嗜好性を示したと思われた。背景条件が変わると嗜好性指数が若干変わるので、背景の影響は無視できないが、黄に対する高い嗜好性は共通している。

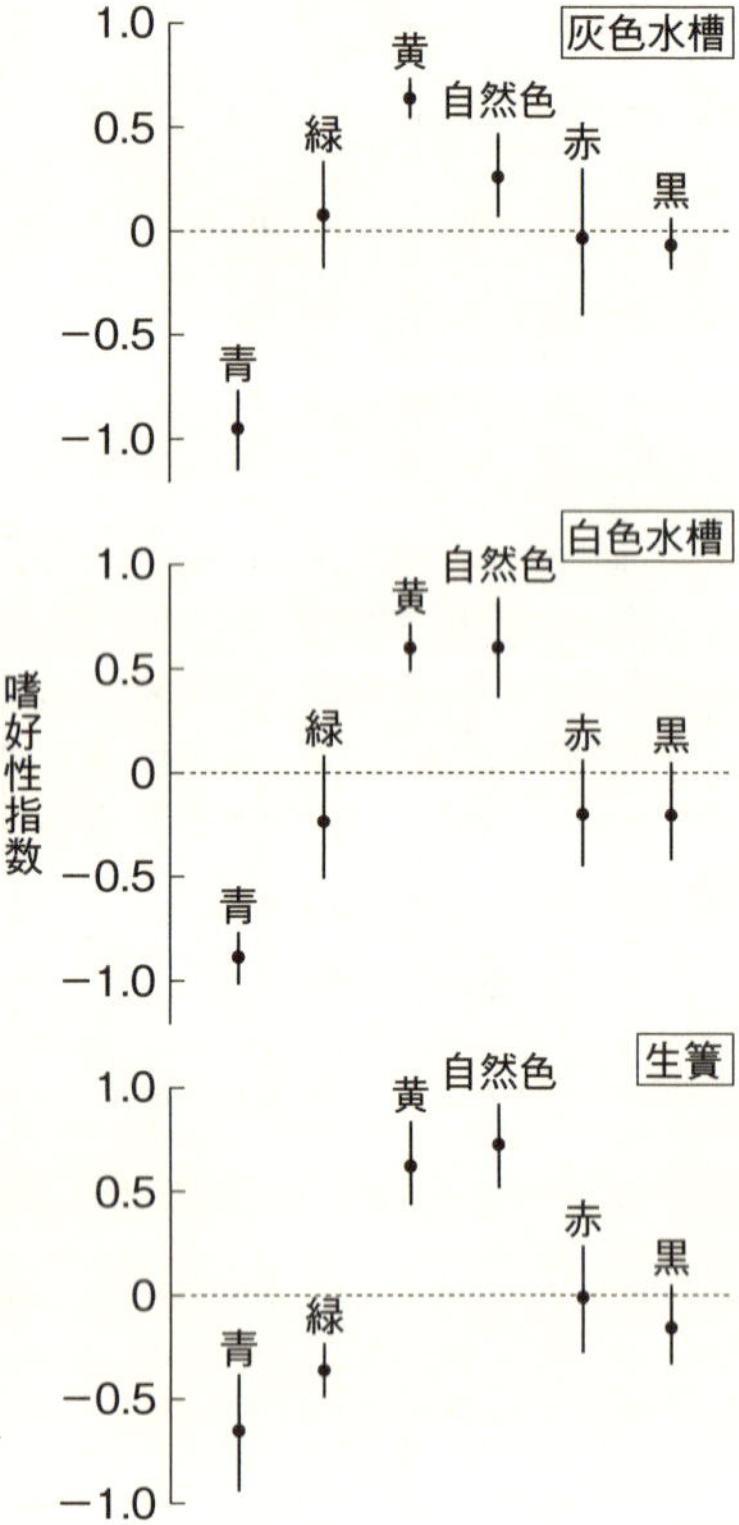

図3-3　餌の色に対するメジナの嗜好性
(Kawamura, Kasedou ら，2010 より)

赤と黒に対する嗜好性がほぼ同じなのは、メジナの眼が赤に感度が低いので海中では黒っぽい赤に見えて黒と明確に識別できないからだろう。釣り人の間では「黒くなったオキアミは食いが悪い」といわれて、変色したオキアミは捨てられる。少なくともメジナとクロダイにはオキアミの赤は黒っぽい赤に見えるので、変色オキアミが食いが悪いとすると、色ではなく味の変質によるものかもしれない。

クロダイでもメジナ同様に、黄に対する高い嗜好性が認められ、私はこの嗜好性を先天的なものだと考えている。

同様の実験をマアジでも行ったが、明瞭な自然色への好みが認められた他には、黄と緑に若干の好みがみられただけであった。マアジの餌の色に対する好みは弱いといえる（図3－4）。以前、サビキ釣りでマアジの色の好みを調べる実験をしたが、マアジは見えやすい色の餌に食いつくという結果しか得られなかった。これは、マアジの餌の色に対する好みが弱いことが原因だったのだろう。

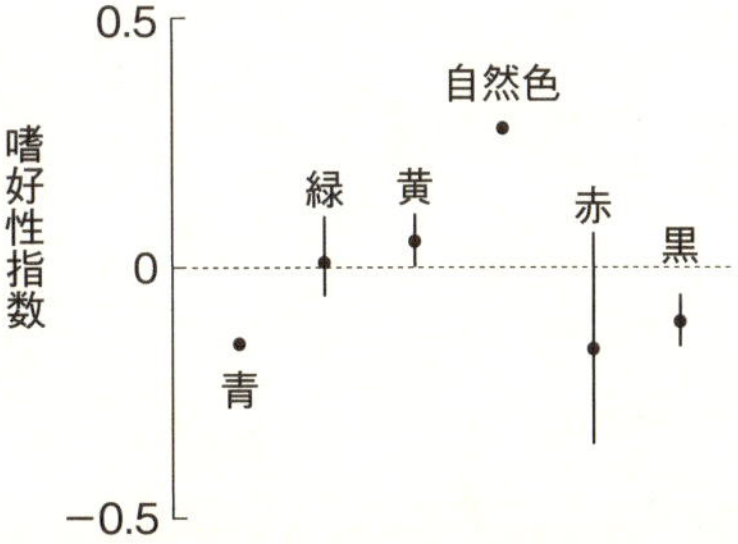

図3-4　餌の色に対するマアジの嗜好性
（Kawamura, Kasedou ら，2010 より）

クロダイが黄色い餌を好むという実験結果はクロダイ釣りの経験則と一致する。トウキビを餌にしたクロダイ釣りは広く行われていて、市販のクロダイ用撒き餌にトウキビを混ぜたものがある。クロダイの味噌団子釣りにおいて、佐藤垢石著『釣の本』（改造社）には針に刺したゴカイをきな粉を混ぜた味噌で包む方法が推薦されている。トウキビもきな粉も黄色い。さらに、クロダイ用の練り餌の原料として、多くの手引書で蒸したサツマイモ（黄色い）が推奨されている。

私はかつて、スズキと若いコショウダイの餌の色に対する好みを調べたことがある。ビニールテープ片に食いつく行動を大型の木製水槽で調べた実験であった。スズキは赤を好むように思われたが、水槽壁の色を変えると他の色もよく突くようになったので、好みの餌の色は背景色次第という結論になった。

この実験で興味深かったのは、コショウダイとスズキは、透明なビニール片の擬餌だけを頻繁に呑み込んだことである。私と三人の学生が眼を凝らして見ても非常に見にくいビニール片が、魚にはよく見えるようであった。魚の餌になるイカの仔や動物プランクトンは海中で透明である。透明な餌を食っていた経験によって、魚が透明な餌に強く反応するようになったのだろう。

その後、鹿児島の漁村めぐりをしたときに、曳き縄に透明な擬餌を使っている漁師にお会いした。彼によると、天候によっては、ヨコワ（クロマグロの幼魚）は透明な擬餌を好むらしい。

餌の色の好みは魚種によってちがうようである。かつては、赤は忌避される色だと考えられていた時代もあったが、私は赤い餌を好む魚がいることは当然あり得ると考えている。

確かに赤い環境色を魚が忌避する可能性はある。研究室の大学院生が血中のコルチゾールを指標にマダイのストレスを調べたところ、血中コルチゾールは赤色光で照明した赤い水槽のマダイでは高濃度だが、青い環境では検出されなかった。高い血中コルチゾール濃度は大きなストレスを受けていることを意味する。一方、マダイは赤いオキアミやエビを好んで食べる。好む成育環境の色と、好む餌の色がちがうことは当然あってよい。

4章　ルアーを科学する

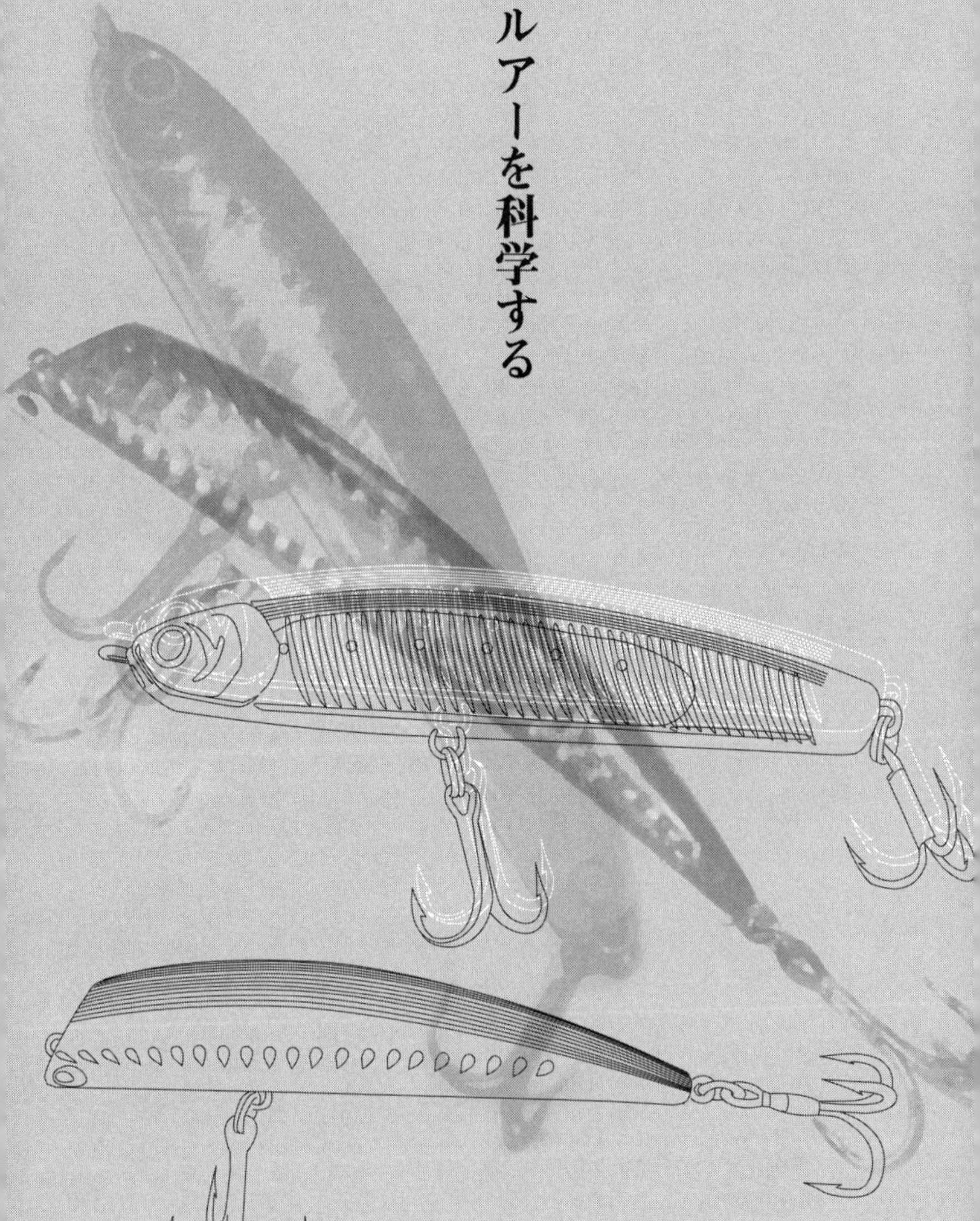

ルアーとは、魚をうまく〝だまして〟おびき寄せて釣る道具だと私は考えていたが、どうも意味を間違えていたようだ。ルアー（lure）の意味をフランス語とドイツ語の語源に遡ると、〝魅惑〟や〝惹き寄せる〟という意味で、〝だます〟という意味はない。つまり、ルアーは「魚が惹き寄せられる魅惑的な釣り漁具」となる。

ルアーフィッシングの対象になる魚は淡水魚ではバスの類、ブルーギル、ライギョ、ニジマスなどのマス類、海産魚ではハゼ、マアジ、スズキ、クロダイ、カサゴ、メバル、アイナメ、ソイ、ヒラメ、シイラ、ブリ、タチウオ、カツオ・マグロ・カジキの類など多種に及ぶ。

ルアーは、水中で動かして魚の興味を惹きつけて誘引し、アタックした魚をルアーに取り付けた針で釣るものである。プラスチック、木、金属の硬い素材でつくられたハードルアーと、軟質合成樹脂やラバーの柔らかい素材でつくられたソフトルアーに大別される。それぞれ種類が非常に多彩である。ルアーフィッシングの人気が高まるにつれ、ルアーフィッシング専門の竿とリールが開発されて、専門の釣り雑誌も多くなってきた。

どのタイプのルアーも、実物の餌生物によく似ているとは決して思えない。ところが実物より魚を惹きつけるようである。それはなぜなのか。ここでは、ルアーが魚を惹きつける刺激とは何か、魚はその刺激をどのように感知するのかを考えてみよう。

4－1　ルアーは魚の動きを再現できない

現在のハードルアーの代表的なものが魚の形状をしたもの（ミノー型）である。ミノー型ルアーとその類似品には、下顎にあたる部分にリップと呼ばれるプラスチックの舌状部品がついているのが特徴である（図4－1）。また、スプーン型と呼ばれるルアーは、食器のスプーンから柄を取り去った形状の金属製ルアーで、片方には糸をつけ他方には針がつく（図4－2）。これらは、曳航するだけで上下左右に動くように設計されていて、その動きが魚の注意を喚起する。

図4-1　リップ付きミノー型ルアー

図4-2　スプーン型ルアー

釣り具会社の見学の際に、ルアーの水槽試験を見せていただいた。ハードルアーの試作品が設計通りの動きをするか否か、ルアーを水槽で曳いて確認する試験であった。試作品が完成すると金型をつくって量産化に進む。金型作製はルアー開発費の大きな部分を占めるので、試作品の試験は慎重に繰り返し行われる。

ハードルアーの動きを決めるのは、ルアーの形状によって生じる渦である。形状が複雑なので渦の効果は実際に曳航試験をしてみなければわからない。硬質素材の物体を水中で曳航したときに渦がどのように発生し、その渦が物体にどのような影響を与えるか、簡単な模型で

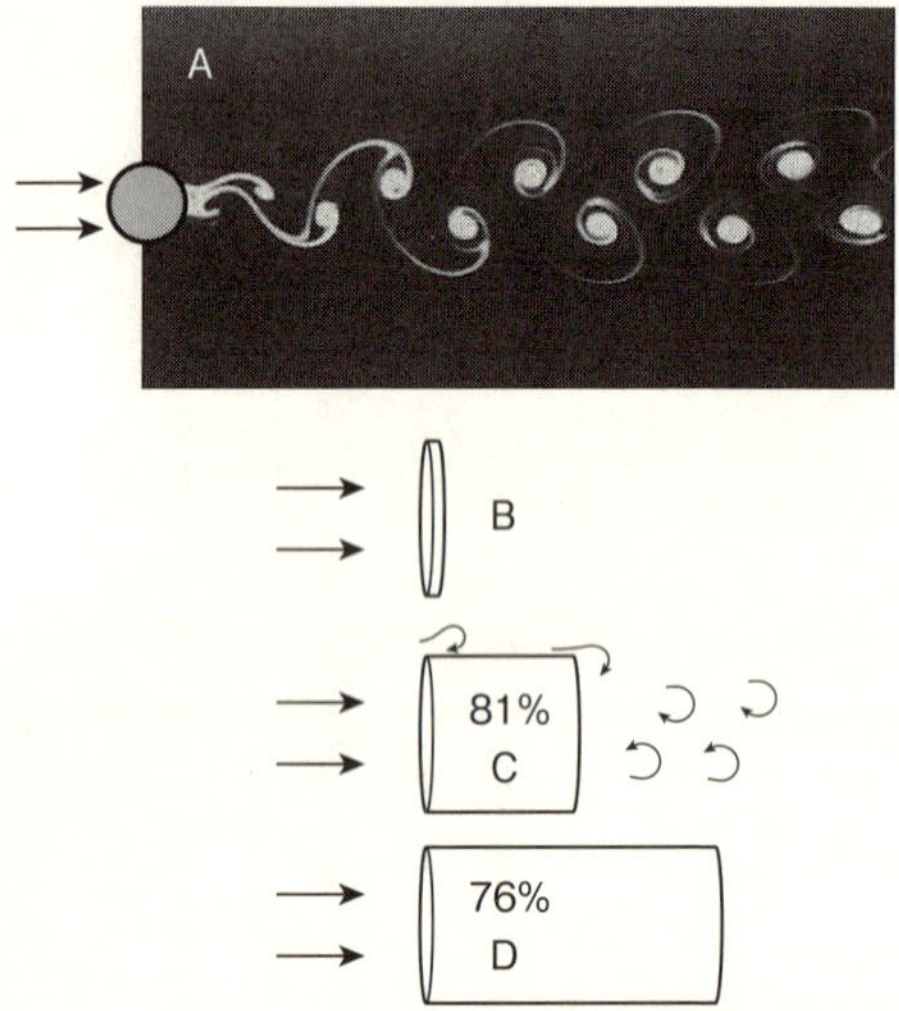

図4-3　カルマン渦（A）と渦による抵抗減少（B～D）

考えてみよう。図４－３上の図は水中で動かした円柱模型の後方の水の動きを示したもので、円柱の後方に内回りの渦ができる。この渦は左右交互に規則的にできるもので、カルマン渦と呼ばれ、渦が円柱を交互に左右に引っ張るため円柱が左右に振動する。釣り竿を強く振り回すとヒューという音を発するのは、竿の後方に発生するカルマン渦が、竿を振動させるからである。

　円柱を横にして曳いた場合の渦は少々複雑になる。図４－３下の図は長さの異なる円柱と、円柱と同じ断面積をもつ薄い円盤を曳航した状態を示している。水に当たる面の面積はどれも同じであるが、曳航で生ずる抵抗はBの円盤が最も大きく、CはBの八一パーセント、DはBの七六パーセントに減る。なぜ円柱が長くなると抵抗が減るかというと、Cに模式的に示したように、円柱の前面と側面で生じた渦が後方のカルマン渦に干渉して引っ張る力を減らすからである。このように、流体の中で直進する物体

（流れの中で変形しないので剛体模型という）の抵抗と物体の揺れを左右するのは、物体の周りの渦なのである。このような流体の中を動く物体が受ける抵抗や発生する渦などを物理学的に調べる分野を流体力学といって、この程度の知識でもハードルアーを自作するときに役立つ。

大型タンカーは船首に大きな瘤状の突起構造物をもっている（図4－4）。バルバスバウ（球状船首）といって、これによって生じる波が、船がつくる他の波を干渉によって消す。このため船の抵抗（造波抵抗という）を減らすことができる。漁船が近くを通った後には大きな波ができて、釣りをしているマイボートを大きく揺らすが、バルバスバウをもつ船はこのような大波をつくらない。バルバスバウが発生する渦によって船の抵抗が大幅に減り、船速が増し、さらに推進に必要な燃料が節約できる。

図4-4　タンカーの船首のバルバスバウ

ルアーの周りで発生する渦がルアー全体にどう影響を及ぼすかを理解するには、バルバスバウをルアーのリップに置き換えて考えるとよい。バルバスバウの渦は船の運航を安定させる効果があるが、リップは逆にルアーを動かすように設計されている。複雑な構造のハードルアーには曳航中に複雑な渦が発生し、これがルアーの動きをつくりだす。

ルアーの動きは実物の魚の正常な遊泳動作とはずいぶんち

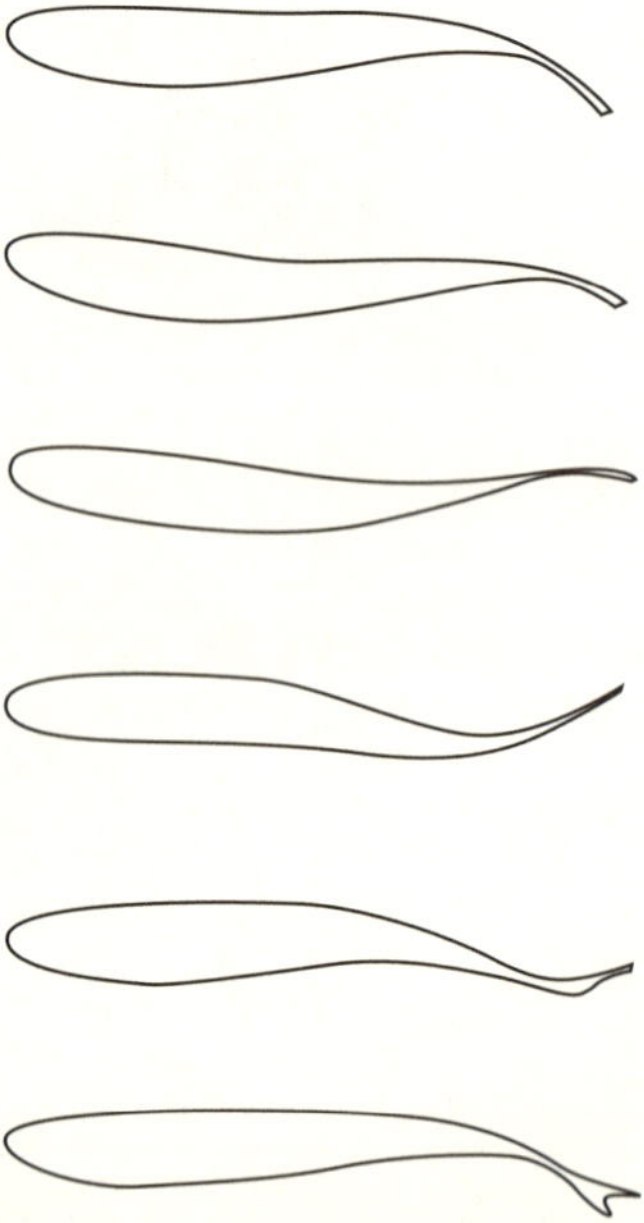
図4-5　ボラの遊泳時のくねり運動

がっている。魚は紡錘形の体をしなやかにくねらせて泳ぎ、このくねり運動が推進力をつくりだす（図4－5）。ハードルアーでは、どのように精巧につくってもこのしなやかな動きを再現できない。

魚形のハードルアーは種類によってさまざまな形状をしていて、できる渦は複雑である。しかし、一定の速さで曳いたときの動きはローリング（前から見て左右に傾く揺れ）、ヨーイング（頭を左右に振る揺れ）、ピッチング（頭を上下する縦揺れ）の三種で、いずれも一定の動きの繰り返しになる（図4－6）。三つの動きが重なるので一見複雑そうだが、不規則な動きではない。これを不規則な動きにするのは、釣り人の曳きのテクニックである。断続的に曳いたり、曳く速さや角度を変えることによって、複雑で不規則な動きをつくることができる。

市販されているルアーを自分が意図するように動かすには、ルアーの基本的な動きを知る必要がある。魚形ハードルアーの基本的な動きであるローリングとピッチングは魚がもがくような動きを与え、ヨーイングは魚のくねり遊泳の動きを与える。この三つの動きはルアーの形とリップの形で決まるルアー固有のものである。

　一直線に曳いたとき、速く曳いても動きの大きさ（振幅）は変わらず、動く頻度（周期）だけが変わる。最も顕著な動きであるヨーイングだけを見ると、細長い形のミノー型ルアーは動きの周期が遅く振幅が大きい。一方、頭部が大きく後部が小さい短軀型のルアー（図4－7）は動きの周期が速く振幅が小さい、つまり細かく動く。ただし、ルアーの動きは、釣り糸とつながる位置とリップの形や大きさにも影響を受けるので、ルアーの改善にはこれらの工夫も必要である。

　ここで述べた水中のルアーの動きの映像は、フィンランドの先駆的ルアー会社であるラパラ（Rapala）社のホームページで見ることができるので、一度ご覧になることをお勧めしたい。

　ソフトルアーにも、曳き方によって複雑な動きを与えることができる。ワーム、カエル、ザリガニなどに似せたものや、実際の餌生物を想像できないようなものまで多彩であ

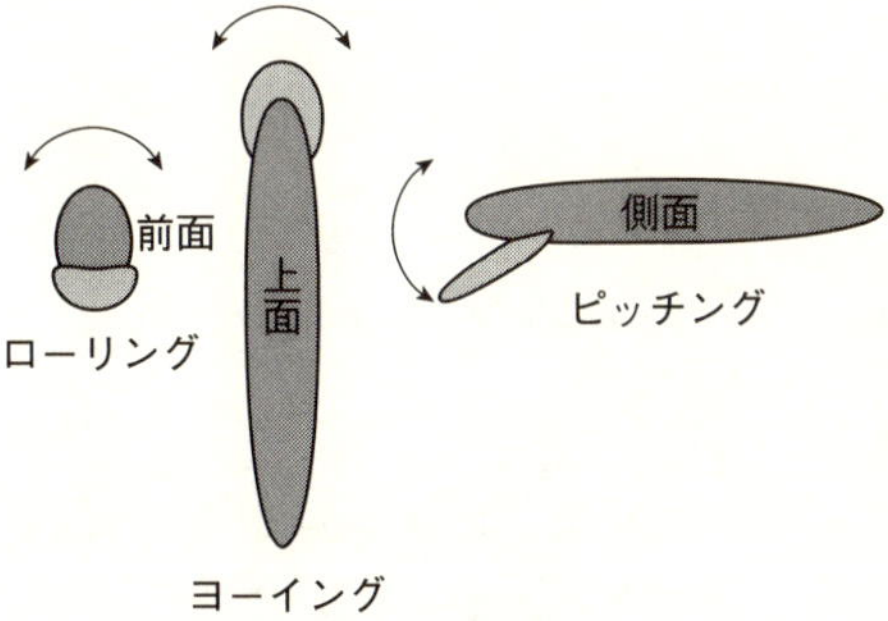

図4-6　曳航時のルアーの3種の動き

る。曳きのテクニックによって、これらに活きているような動きを与えることができ、ハードルアーにはない楽しみがある。

ハードルアーもソフトルアーも、市販品を買ったら必ず水中で曳いて動きを確認することが肝要である。単調に一直線に曳いたときと、緩急をつけて曳いたときの動きをよく知って、ルアー設計者の意図した動きを利用者が引き出すのである。ある釣り具メーカーに勤務していた教え子の向井幸則君が、世界中のリップ付きルアーを集めて各部位を測定した。彼によると、リップの取り付け角度はラパラ社製のルアーが最も一定していて、タイプが同じであれば曳航中の動きはどのルアーも同じで、しかも、すべてのリップに手を加えた跡があったという。量産のルアーでありながら、水槽試験をして設計通りの動きをするように、一個ずつ手を加えたのであろう。

図4-7　短軀型ルアー

一方、日本製のルアーのリップの角度はバラツキが大きく、曳航すると同じタイプでも動きがちがったという。日本製のルアーは、購入後は入念にテストする必要がありそうだ。

最近は、市販のルアーに満足できずに自分で木を削ってルアーをつくる釣り人が増えてきた。自作ルアーの場合には、曳航したときに自分が意図したように動くか否かをみる作業が楽しいものである。さらに、自作ルアーで釣ったときの勝利感は格別なものがあるが、釣る瞬間を思い描きながらのつくる過程も楽しいだろう。

ここで、イカ釣り用ルアーにも触れておきたい。イカ釣り用ルアーは日本の伝統的ルアーで、アオリイカを主対象にした餌木《エギ》とスルメイカ、ヤリイカ、アカイカ、ソデイカを対象にしたイカ角《ツノ》がある。

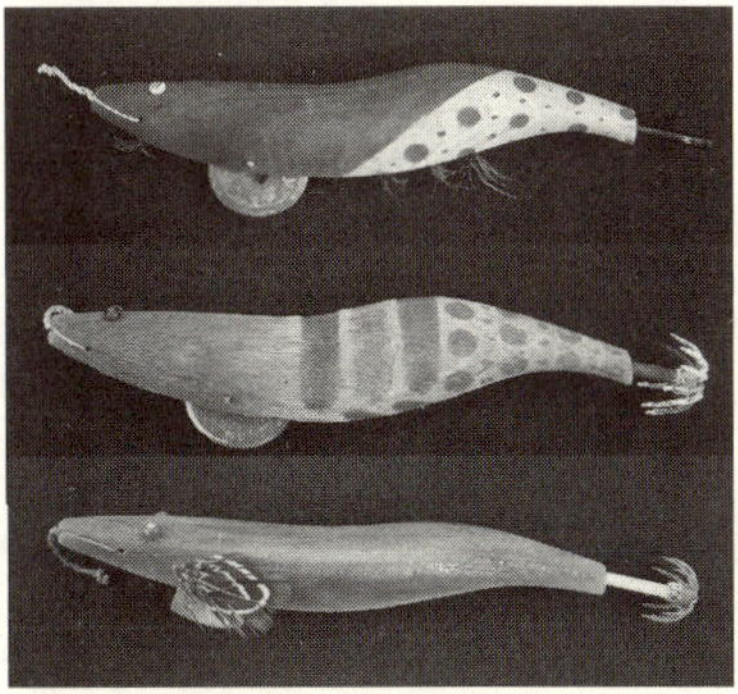
図4-8　薩摩のイカ餌木（鹿児島大学・不破茂教授提供）

イカ餌木は、薩摩藩（一五八七～一八七一年）の藩主の船遊びの際に、海中に落ちた松明にアオリイカが飛びついたことがヒントになってつくられたといわれていて、初期のイカ餌木は木製で焼き模様がつけられている（図4－8）。薩摩藩の家老が蒐集したとされる初期のイカ餌木が多数保存されてはいるが、桐箱に納められたまま方々に散逸しているのは残念なことである。

薩摩藩のイカ餌木とよく似たイカ餌木が、フィリピンのパナイ島でアカイカ釣りに使われている。このイカ餌木で私のためにイカを釣ってくださった下宿屋のご主人に、イカ餌木の来歴を聞くと、古くからあっていつの時代からかわからないという。パナイ島は太平洋戦争の戦場となったところなので、日本兵がもちこんだ可能性を確かめたが、太平洋戦争よりずっと以前からあるイカ餌木だという。イカ餌木の発祥の地がどちらかわからないが、日本の伝統的漁具漁法の発祥伝説には常に高貴な人や高僧あるいは殿様が登場することが気になる。

4－2　ルアーの動きを魚はどう感知するのか

ルアーの動きを魚はどのように感知するのだろうか。これには、ルアーの動きによって発生する水の振動が魚の振動感覚器である側線を刺激し、振動パターンによって魚が食いつくという俗説がある。

確かに、形と色は実物の餌に似ていないルアーが巧みに動かされると、魚は食いつく。そして、側線は非常に感度がよい振動感知器で、ルアーや小魚が生じる低周波の水の振動に高い感度をもっている。そのため、俗説は説得力があるようにも聞こえる。しかし、この考えは側線の機能を過信している。

側線とは体側と頭部の皮下にある管状の器官（管器）である（図4－9）。体側管器は外から存在がわかるが、頭部管器（後頭管、眼上管など）は外から見えない。マイワシやニシンで体側管器が見えないのは、これらの魚の側線は頭部にしかないからである。また、ホッケは体側管器を片側だけで四本ももっているが、体側管器の数が多いことのメリットはわかっていない。

側線の機能を過信しているという理由をここで説明しよう。水中でルアーが動くと周囲の水に二つの物理的変化が起こる。一つは水粒子の動きである。ルアーが直接水粒子を動かし、その動きが周りの水粒子を動かす。それが周囲に次々と伝搬する。これは、砂の中に入れた手を振動させたときの、手の周りの砂粒が動く様子に似ている。砂粒の動きは手のごく周りに限られるように、水粒子の動きもルアーから遠くには及ばない。したがって、振動が魚の側線に届くことは少ない。二つ目は、ルアーの周りに起こる圧力変化である。ルアーがある一定の繰り返し運動をすると、圧力変化が周期的になって、それが魚の体に音として感じられる。圧力の変化（音）は秒速約一四五〇メートルの速さで伝搬し、遠くまで伝わる。空中音速は秒速約三五〇メートルであるので、水中音速はその約四・五倍になる。そして、水中音は空中音より減衰が少なく、遠くまで届く。しかし、音を感知するのは内耳であって側線ではない。

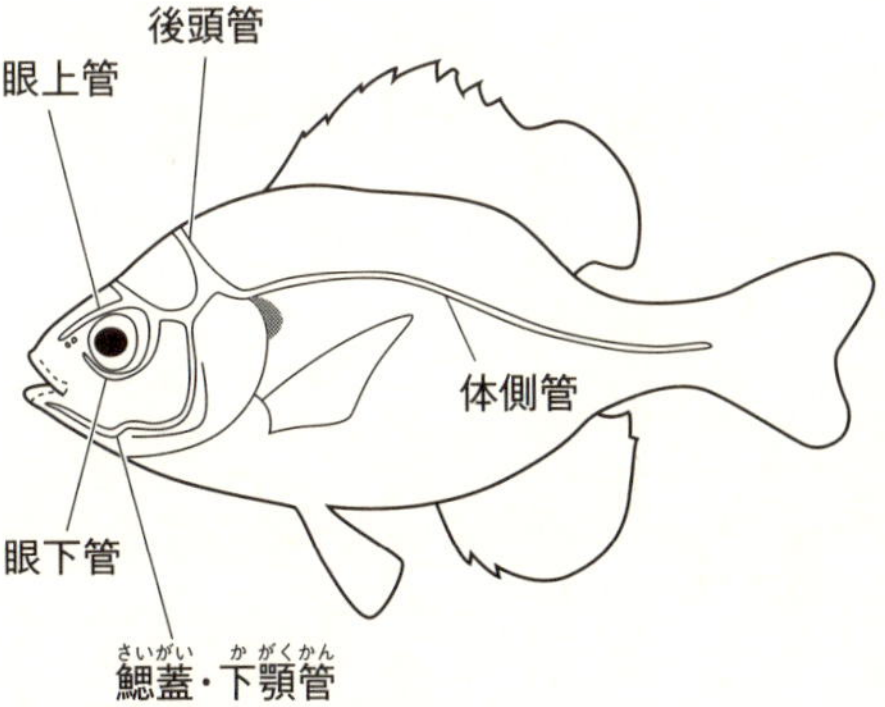

図4-9　ブルーギルの管器

　側線によって餌生物の位置を正確に捉えることができる魚がいるのは確かである。例えば、観賞魚のパントドンとアプロケイルスは、水面に落ちた昆虫が発する水の振動を側線で感知して捕捉する。だが、振動物体から少し離れると、水を伝わる振動エネルギーは側線で検出できないほど小さくなってしまい、昆虫の方向と距離を正確に検知できない。検知できる範囲は一〇～一五センチで、体長の一～一・五倍である。側線が情報をとれる範囲は狭いのである。

側線の機能にはもう一つ限界がある。それは、遊泳中に側線の機能が大きく低下することである。魚が泳いだときに、体表の水の動きが側線を刺激する。これは、側線から脳に情報を送る必要がない刺激である。不必要な情報をカットするために、魚が動いた瞬間に筋肉系から脳を経由した神経情報が、側線の機能を低下させる。脳から感覚器に情報を送る神経を遠心性神経といって、遠心性神経の信号が感覚器の感度をコントロールする。つまり、側線でルアーの動きを確実に捉えることができるのは、魚が静止していて、かつルアーが近くにあるときに限られるのだ。

それでは、ルアーの動きを感知しているのは内耳なのだろうか。その可能性を探るには、ルアーの振れる周期と、内耳の周波数感度を知らねばならない。

まず、内耳の周波数感度をみてみよう。周波数とは音源（ルアー）が振れる周期と考えてよく、ヘルツという単位で表している。一〇〇ヘルツだと一秒間に一〇〇回振れる周期である。魚の内耳の周波数感度は一〇〇～二〇〇〇ヘルツで、この範囲以外の音は、耳が痛くなるほど大きい音でなければ聞こえにくい。さらに、同僚の安樂和彦准教授によると、九〇〇ヘルツ以上の周波数だと聞こえても音の高さの識別ができないという。

次に、ルアーの振れを考えてみよう。日本では静岡県の富士川と新潟県の糸魚川を境に東側では五〇ヘルツ、西側では六〇ヘルツの交流家電が使われている。そのため、蛍光灯はこの周波数で点滅しているが、ヒトの眼で検出できない点滅周期である。このことから、魚の内耳で聞こえる音の最低周波数の一〇〇ヘルツとはどんな周波数か想像できるであろう。市販のルアーが一秒間に一〇〇回も振れるとは到底考えられない。つまり、内耳ではルアーの動きを感知できないというのが結論である。側線でも内耳でもないのだから、ルアーの動きを感知するのは眼しかない。

では、内耳が感知できる周波数の音ならばどうだろうか。

発音装置が内蔵されていて、ルアーが動くと音を発するタイプのものがある。

安樂准教授が、釣り具メーカーの依頼を受けて音を出すルアーの改善をしたことがある。市販されていた製品は、釣り人の評価が良くなかったらしい。ルアーが動くと内部に埋め込まれたビーズ状の玉が音を出す仕組みであるが、その音の周波数を調べると三〇〇〇ヘルツ以上で、魚には聞こえにくい音であった。安樂准教授は、発音装置に工夫を加えて、魚に聞こえやすい低い音を出すように改善したら、釣り人の評価は高まった。つまり、音を出すルアーには効果があるということである。

ところが、この製品の製造はまもなく中止されたという。彼によると、その理由は〝釣り場のスレ〟が心配されたためらしい。ルアーの音が偽物の魚の出す音だと魚が学習して、警戒するようになると、学習された警戒行動が他の個体に伝達される。釣り場全体の魚が釣れにくくなる〝釣り場のスレ〟が起こる可能性が危惧されたのだという。魚の警戒行動が他の魚に伝達されることはわかっているが、実際に〝釣り場のスレ〟が起こる確証はない。しかし、可能性の段階で音を出すルアーの製造をやめたメーカーには、誠実さを感じる。

魚が餌を噛む音（摂餌音という）や、純音に近い音（音叉やピアノの音）を組み合わせた音を出す装置を組み込んだルアーの特許申請が続いている。今のエレクトロニクス技術があれば、ルアーにいろいろな音を出させることは可能である。ただし、音は少しずつ強くなるフェードイン音にしてほしい。

突然発する音はカットイン音といって、魚もヒトも嫌いな音である。これをフェードイン音にすると魚が嫌わない音になる。

4−3　魚を誘引するルアーの形・模様

ハードルアーには眼と体模様が魚とそっくりなものがある。さらに、腹部に傷の模様までつくっているものまである。魚はルアーの細部の模様も色も識別できるとはいえ（1−4参照）、これらの模様は魚の興味を引くために本当に必要なのだろうか。その解答はカエルアンコウ（旧名イザリウオ）と伝統的ルアーが教えてくれそうである。

人間と全く同じようなルアーフィッシングをする魚が、水族館の人気者・カエルアンコウ科の仲間である。カエルアンコウ科の魚はほとんど泳ぐことがなく、遊泳に不要となった背鰭《せびれ》は完全に変形して、頭部の一番目のトゲがしなやかな釣り竿のように細長く伸びている。それを誘引突起といって、その先に擬餌状体と呼ばれるルアーがある。ちょうど細い竿の先に小さな餌動物をつけたような状態で、まるで生きているかのように動かして、餌になる小魚を近くまでおびき寄せる。ルアーの振り回し方が絶妙で、最初は大きく振って小魚の注意を引き、小魚が接近してくると振りを小さくして小刻みで不規則な動きにする。

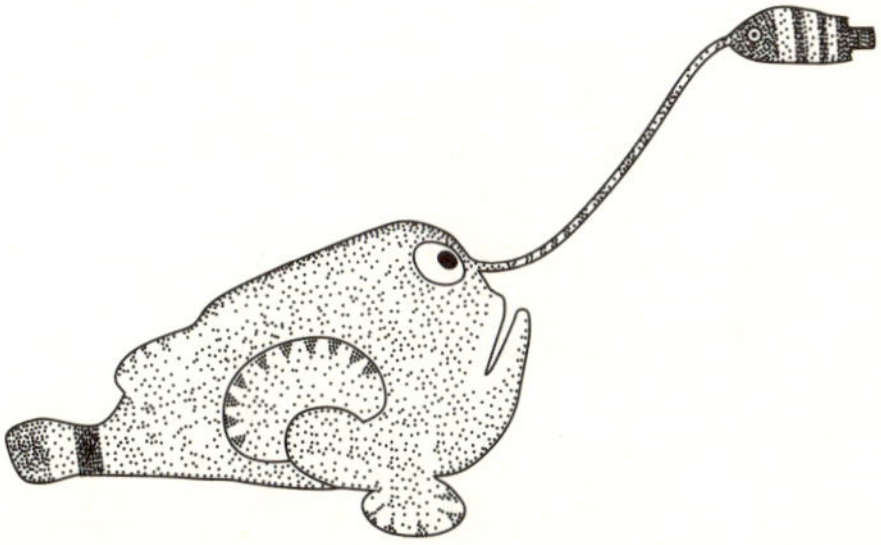

図4-10　カエルアンコウのルアー

数多くいるカエルアンコウ科の魚のなかで、ルアーフィッシングのチャンピオンがフィリピンのサンゴ礁に棲息しているカエルアンコウである。その魚のルアーは扁平な魚形をしていて、鰭と目玉模様までついている。その模様が、周囲に最も多い小型の魚にそっくりという驚くべき出来栄えで（図4－10）、進化の極致である。科学雑誌『サイエンス』に紹介されたところによると、このルアーの誘引効果は抜群である。このカエルアンコウの例からみると、人工的ルアーの精巧な魚模様には意味があるといっていいだろう。ルアーの動きだけでなく、釣り人が彩色も楽しめるのは素晴らしいことである。

ここで、伝統的なルアーをみてみたい。魚がもつルアーは、実物に似せるように進化した一方

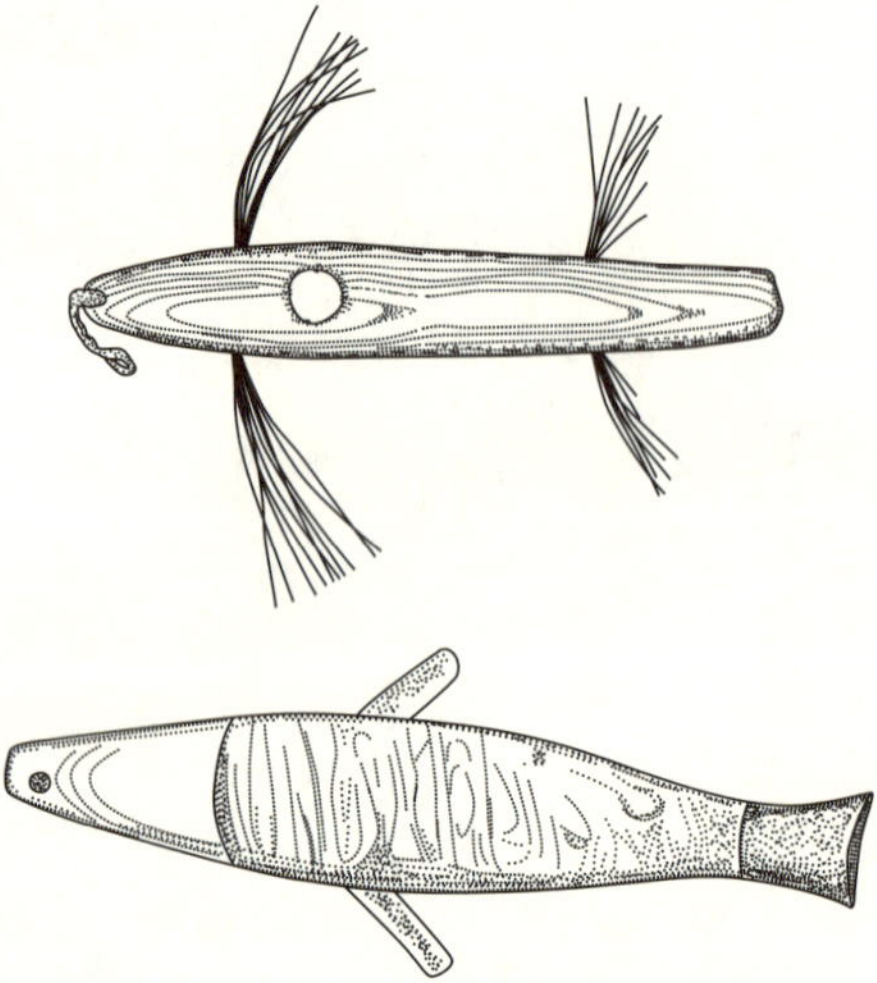

図4-11　カマスサワラを誘引する木製ルアー

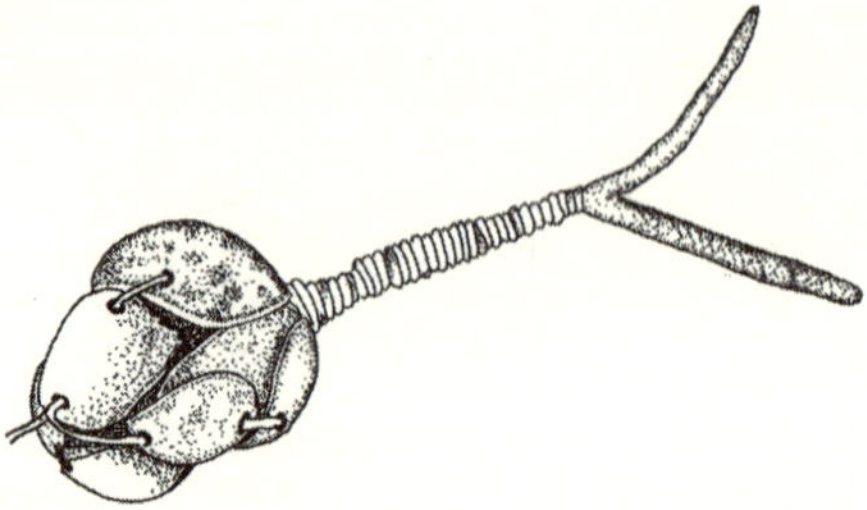

図4-12　ポリネシアのタコ釣り用ルアー

で、人工的ルアーは、実物の餌生物を想像できない形をしている。図4－11に示したものは、カマスサワラをおびき寄せるときに使っている伝統的な木製ルアーである。これを海面でひきまわし、食いつこうとして浮上してきたカマスサワラを銛《もり》で突いて獲る。さらに、図4－12は、南太平洋のポリネシアで使われているタコ釣り用のルアーである。タコはネズミを見ると懲らしめようとアタックするという民話に基づいてネズミに似せてつくっているといわれるが、私にはとてもネズミに似ているとは思えない。

　人工的なルアーは、実物の餌生物がもつ誘引効果が高い特徴を誇張し、不要な部分を省略した結果、実物に全く似ていないものになった。人間は、カエルアンコウの進化と逆行して、効果的なルアーをつくりあげた。ミノー型ハードルアーは、弱った魚の動きを誇張して、動きに関係ない模様を省略しているように思われる。

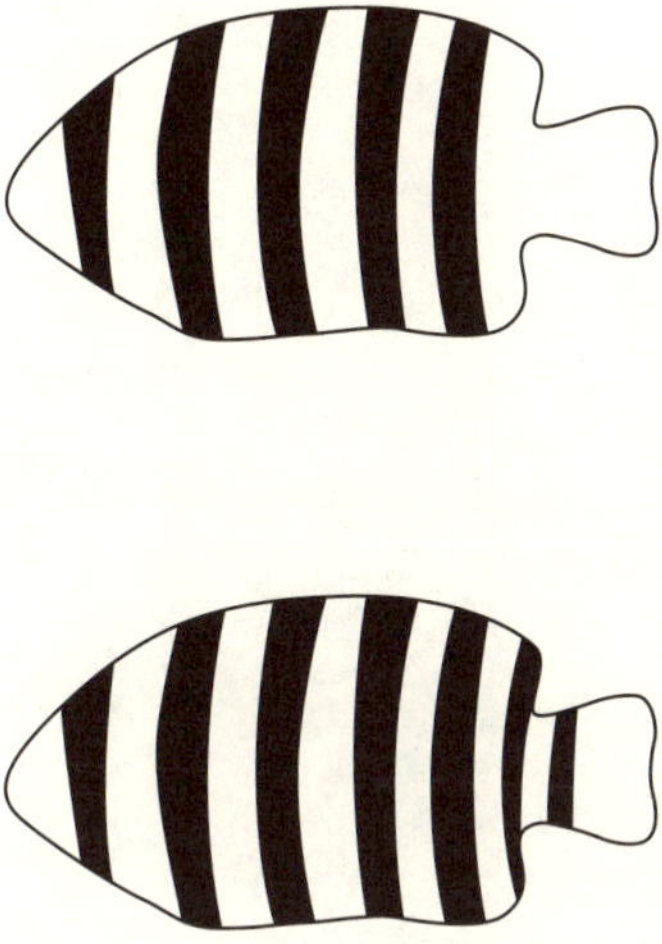

図4-13　イシダイが識別できない2つの体模様図形（川村・下和田，1983より）

　この省略は科学的にみて合理的である。魚の視覚は、重要な部分を誇張して、重要でない部分を省略して見るメカニズムになっている。その例をイシダイの体模様識別でみてみよう。

図4－13は若いイシダイの体模様に似せた図形で、イシダイはこの二つを識別できない。イシダイは、尾の付け根の帯模様を無視して、この二つを同じ図形として見るのである。イシダイの縞は成長すると不鮮明になる。尾部の縞が最初に消えるので、仲間を縞模様で識別するには意味がない縞ということになる。このように無意味な部分は視覚メカニズムで省略される。

最近のハードルアーは模様を実物によく似せている。カエルアンコウのルアーの進化の例があるので、これらの模様はおびき寄せに効果があると期待される。しかし、模様のすべての部分が誘引効果に貢献するとは限らない。釣り人による模様の効果の検証が楽しみである。

5章　釣りのポイントとタイミング

「魚がいさえすれば素人でも釣るのは難しくない」

これは正しいだろう。だが、魚がいるポイントを見つけるのは簡単なことではない。魚は山間の渓流から大洋の深海部にいたるまで、ほとんどの自然水域に幅広く棲息している。個々の魚種はそれぞれ固有の地理的分布をもっているが、同じ場所にとどまっているとは限らない。

魚は広大な海洋を自由にどこでも泳ぎ回っているわけでもない。魚がいそうなところ、すなわち魚が集まる場所は、餌が豊富なところと決まっている。餌の密度の決定には常に流れが関わっている。それを世界三大漁場で見ると、三陸沖では黒潮と親潮、カナダ東海岸のグランドバンクスではメキシコ湾流とラブラドル海流、イギリス・ノルウェー近海ではノルウェー海流と東グリーンランド海流という具合に、いずれも大きな暖流と寒流が衝突して巨大で複雑な潮目をつくっている海域である。身近な磯、渓流、湖でも、魚が集まる場所は、流れによって餌が集まる場所であり、釣りのポイントのセオリーは渓流も大洋の深海部も同じである。

5-1　海流がつくりだす生態系

海は地球表面の七〇・八パーセント（およそ三分の二）を占めている。海の深さを平均するとおよそ三八〇〇メートル、最深部は太平洋にあって、マリアナ海溝のグアム島とヤップ島の間のチャレンジャー海淵《かいえん》は深さ一万九一二メートルもある。子供の頃の私は海洋小説が好きで、七つの海を大航海することを夢みていた。しかし、まだ七分の三しか夢を果たしていない。七つの海とは南・北太平洋、南・北大西洋、北極海、南極海、そしてインド洋をいうが、海水の流れの障壁があるわけではない。地球規模で見ると、どの海の水も交互に移動して混じり合っている。

北極海と南極海で冬期に冷やされて重くなった水は、沈下して深層流を形成する。さらにインド洋起源の底層水と混合しながらそれぞれ毎秒五〜二五センチの速さで移動する。南極水は北上して北極海に達し、北極水は南下して南極海に達して、海底が浅くなるにつれて上昇する。そこで再び冷却されると沈下を始める。このような地球規模の水の循環と混合を鉛直大循環といって、極地を出た水が数百年かけてもとに戻っている。気候寒冷年にはとくに多量の極海水の沈降が起こるので、深層水は世界の気候変動を反映しているといわれる。地中海は閉塞海と呼ばれて大西洋との海水の交換がないように思われるが、狭いジブラルタル海峡を通して大西洋との水交換が起こっている。大きな海面蒸発で重くなった地中海の表層水が深く沈降し、北大西洋の深層に流出して混合しながら南大西洋の深部に拡延している。

深層水で興味深いのは、溶存酸素量が多いことである。海水中の酸素には、海面から溶け込むものと、海藻や植物プランクトンが光合成の過程で産生するものなどがある。一方、生物の死骸を分解する微生物は海水中の酸素を消費する。これらの産生と消費の差（余剰分）が海水中に存在する溶存酸素量である。光合成に必要な太陽光が届くのは透明度の高い外洋でも水深二〇〇メートル程度で、それより深くなると分解だけが起こる層になるので溶存酸素量が急激に減少する。ところが、深層水には高濃度の酸素が含まれている。深層水は高圧と低温で封じ込まれた酸素を運んで流れているからである。途中で上昇流となるところでは、深層水は表層に酸素と豊富な栄養塩を供給して巨大漁場（湧昇流漁場）をつくっている。湧昇流漁場で有名なのが八丈島周辺で、深層海流が火山にぶつかって湧昇流となり、海の砂漠といわれる外洋にオアシスのような豊かな生態系をつくりだしている。

海洋では水平的な大循環も起こっている。それが海流で、ほぼ一定の向きや速さで流れる巨大な川のような流れである。我が国の周りの主要海流は、太平洋を北上する暖かい黒潮と南下する冷たい親潮、および黒潮から分岐して日本海を北上する対馬海流である（図5－1）。海流の速さや量は場所や時によってちがうが、黒潮の場合、沖縄島の西方では時速最大四キロ（大人が歩く速さ）、紀伊半島沖合では時速最大六キロ（大人の急ぎ足程度の速さ）以上で流れる。さらに、時には時速九キロ程度の流れが観測されることもある。また、黒潮の一秒間に流れる海水の量は、紀伊半島沖合で東京ドーム四八個分に相当し、家庭風呂に換算すると六四万年入れる計算になる。

この巨大な黒潮と親潮がぶつかりあい、さらに対馬海流の分岐流が津軽海峡から太平洋に出てくる三陸沖では、壮大な潮目が形成される。この潮目が障壁となって、北上した暖海性魚群と南

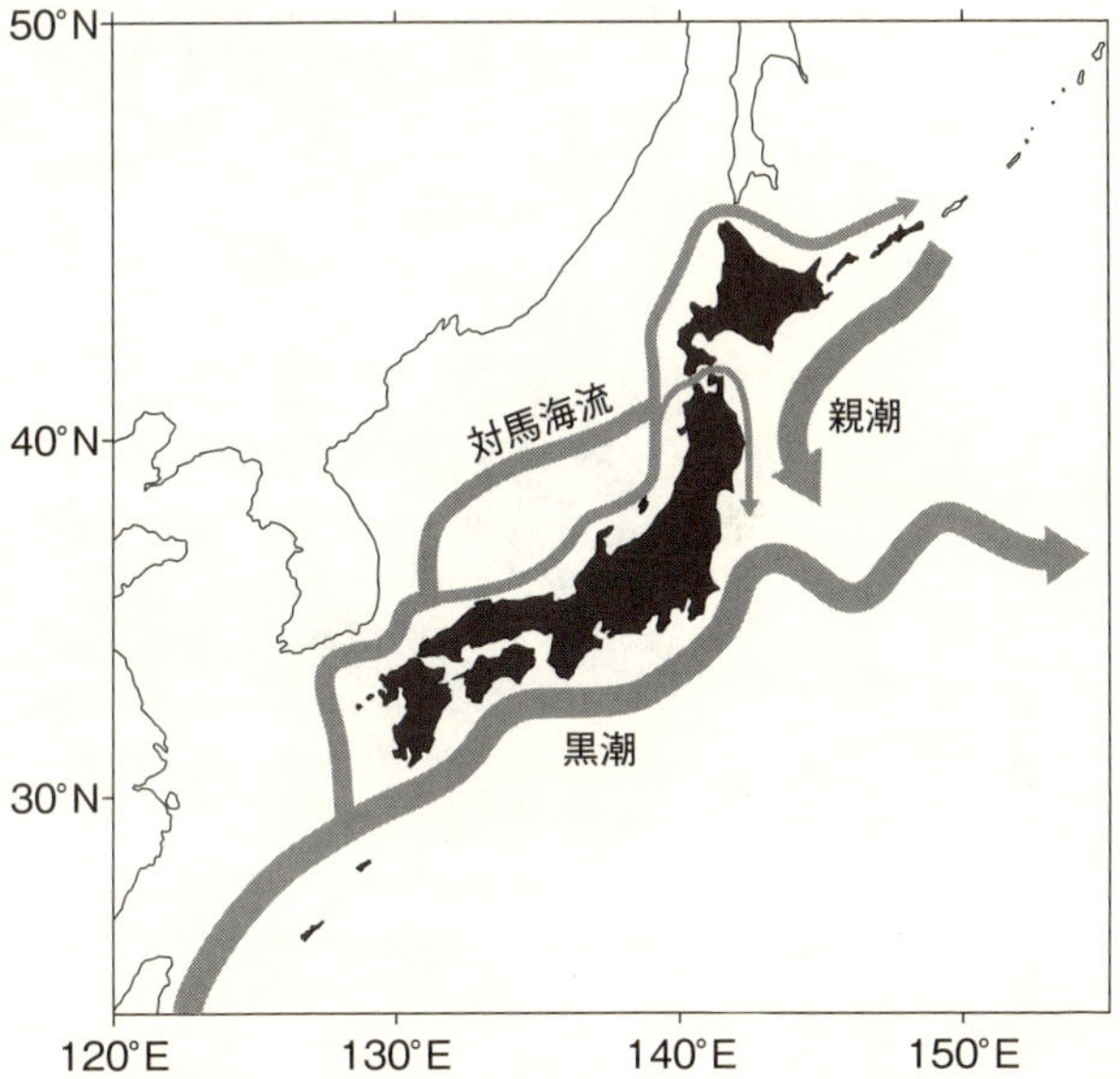

図5-1　日本の周りの海流

下した寒海性魚群が三陸沖に滞留し、世界三大漁場の一つ三陸沖漁場が形成されている。気象衛星NOAAのデータや船舶の観測値に基づく水温分布図を見ると、潮目が複雑に蛇行していることがわかる（図5－2）。冷たくて重い親潮は暖かく軽い黒潮の下に潜り込むので、三次元的にさらに複雑な様相になる。

カナダ東岸のニューファンドランド海域の大陸棚グランドバンクスも暖流と寒流がぶつかる世界三大漁場の一つである。ここには海底が水深一〇〇メートル以浅の広大な海底台地がいくつかある。南下する寒流のラブラドル海流がこの台地にあたってできる時計回

図5-2　NOAA写真で見る三陸沖の巨大な潮目（岩手県水産技術センターホームページより　http://www.suigi.pref.iwate.jp/satellite

りの分流と、暖流のメキシコ海流とが、台地の沖でぶつかり、生産性が高い海域を形成している。ハドックと呼ばれるタラ、サケ類、オヒョウ、ニシンなどの巨大漁場として知られ、ヨーロッパ各国からのトロール船による乱獲が続いて漁業資源が危機的状態にまで低下したことから、一九九二年以降カナダ政府が積極的な漁業資源回復策をとってきた。一部の海域では、ハドック資源の回復がみられている。

　世界三大漁場のもう一つは、北東大西洋（ノルウェー、イギリス、アイスランドの海域）で、寒流の東グリーランド海流と暖流のノルウェー海流がぶつかる。東グリーランド海流は、北極海からはじまってグリーンランドの東側を南下する。南からは暖かいメキシコ湾流が北上して北大西洋海流と呼ばれ、さらに東進してノルウェー海流と呼ばれる。ノルウェー海流はヨーロッパの栄養豊富な沿岸水を運びながら流れるので、北東大西洋は格好の漁場となる。漁業対象種は表層性のサバやキャペリン（カラフトシシャモ）、底棲性のハドック、タイセイヨウダラ、オヒョウなどが主である。

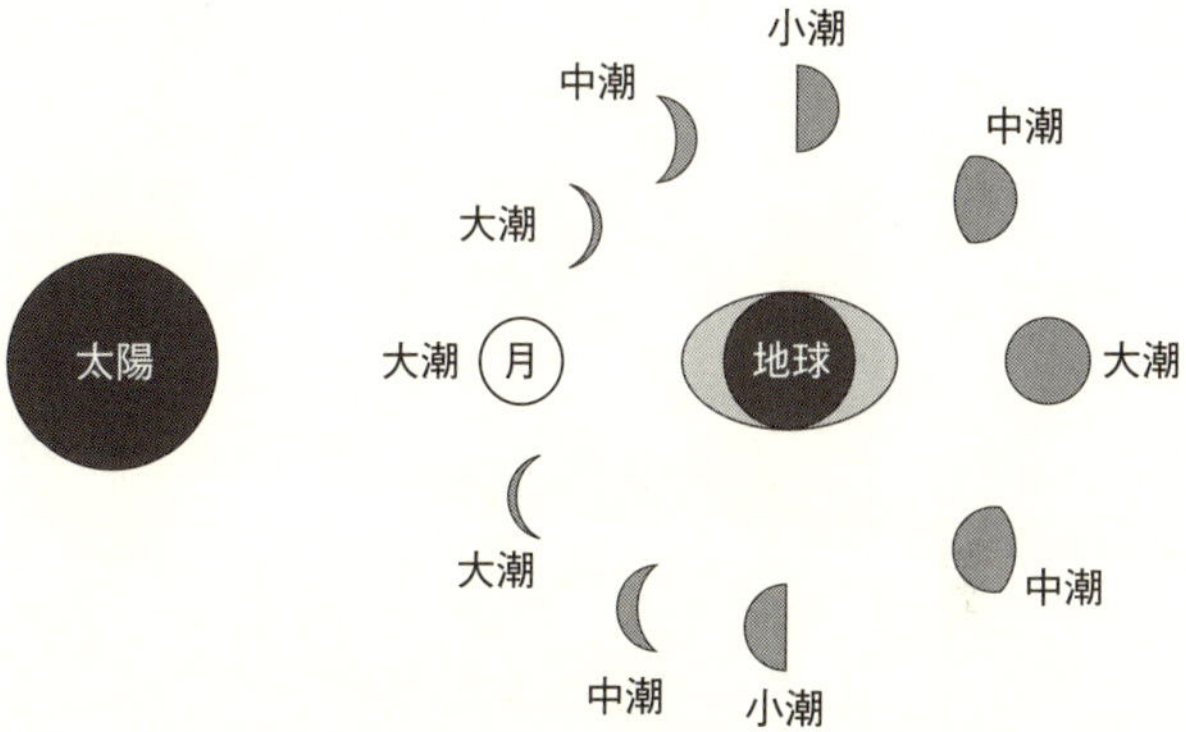

図5-3　地球、月、太陽の位置関係と干満の関係

5-2　潮流の基礎知識

海には潮流という流れもある。潮流は、潮汐（潮の干満）によって周期的に海水が移動する流れのことである。潮汐は、月と太陽の引力によって海面が周期的に昇降する現象をいう。

地球、月、太陽の相対的位置関係と潮汐を図5-3に示した。地球と月、太陽が一直線に位置するとき、すなわち新月と満月のときに海水を引っ張る力（起潮力という）が最大で、水の移動が最も大きい大潮になる。このとき、図の左右方向が満潮で、上下方向が干潮である。一方、地球から見て月と太陽が直角に位置するとき、すなわち半月のときが、月と太陽の起潮力が直交するので水の移動が小さい小潮になる。

地球はこの位置関係の中で自転しているので、計算上は一日に干潮と満潮が二回ずつ起こる。実際には潮汐は地形や海流の影響を受けるので、干満が一回のところもある。約六時間ごとに満潮と干潮を繰り返して潮は逆方向に流れるが、実際の周期は六時間よりやや長いので、毎日約五〇分ずつ時間がずれて遅くなる。なお、月も自転しているにもかかわらず地球からは月の同じ面しか見ることができないのは、月の自転周期は二七・三日で、公転周期二七・三日と完全に一致しているためである。

干満の差は場所によってちがい、我が国で最も大きなところは有明海の島原湾で四・九メートル、中くらいが東京湾や和歌山の串本の一・五メートル、日本海は一般に小さく新潟〇・四メートル、佐渡〇・二メートルくらいである。潮汐は海だけでなく湖沼でも起こるが、干満の差はアメリカ・カナダの広大な五大湖でも最大数センチ程度であるので、我が国の湖沼では考慮する必要はない。

なお、気象衛星NOAAのデータや船舶の観測値に基づく水温分布図や流れの図が、海上保安庁ホームページの海洋速報に公開されている。釣り場を決める参考にしてほしい。海上保安庁の管区は北海道の第一管区から沖縄の第一一管区まであり、それぞれがマリンレジャーまで含めたたくさんの情報を掲載しているので、参考になるであろう。

5－3　釣れる潮時

魚は潮の動きに敏感であるので、磯釣りには潮汐表で事前に干満の時刻を調べることは不可欠である。海釣りでは「上げっぱなは釣りまくれ、潮止まりは昼寝しろ」と言われるように、魚群探知機にたくさんの魚が映っていても、満潮や干潮で潮の流れが止まると、食いも止まってしまう。

経験則では、船釣りの潮回りは「上げ七分、下げ三分」、磯釣りの潮回りは「上げ三分、下げ七分」といわれる。干満の差を一〇等分したのが潮回りで、船釣りの「上げ七分、下げ三分」とは、干潮から七〇パーセントの水位と満潮から三〇パーセントの水位を表している。今、干潮が六時と一八時、満潮が一二時だとすると、上げ七分は一〇時過ぎ、下げ三分は一四時前になるので、この間約四時間弱が釣りの勝負ということになる。ただし、満潮時には食いが止まるので弁当の時間になる。また、海峡や外海に面した釣り場では、潮が止まっているように見えても底潮が動いているので、潮汐表だけに頼った釣りはできない。カレイ狙いの遠投する釣り人は、速い潮流に錘《おもり》が流されるようなところで、干潮時を狙って釣っている。

潮の動きと釣れ時が重なるのは、潮の動きによって餌生物の動きが活発になるためらしい。魚は動き始めた餌生物の匂いを感じて活発な索餌を始める。時化模様の前後にも水の激しい動きがあるので釣れ時となる。時化模様にもかかわらず無理に釣り続ける人がいるのはこのためであるが、危険なのであまり推薦できる釣り時ではない。

潮汐表は、海上保安庁が特定の場所で潮位を測った過去の統計的数値が書かれたものだ。これは、毎年変わるものである。しかし、釣り具店で無料で配布されている潮見表には毎年同じ数字が書かれていたりして不正確なものがあるので、正確な潮汐を知りたいときには新聞などで公表された潮汐を参考にするのが望ましい。

潮流の動きと魚の動きの関係がわかれば、釣りのポイント選びが楽になりそうだが、その関係はよくわからない。私は鹿児島湾で潮流を記録しながら標識した放流魚を追跡した実験を行ったことがある。このときは、大まかにみると表層性の魚も底棲性の魚も、潮流に乗って移動する傾向と等深線に沿って移動する傾向がみられた。だが、そのいずれでもない動きがときどき加わるので、正確な動きを予測できなかった。

このときの実験で興味深かったのは、直線的に移動を続けていた若いカンパチが突然動きを止めたときである。不思議に思って箱メガネで海中をのぞくと船の周りに若いカンパチの大群がいて、標識カンパチがその大群に合流したことがわかった。標識カンパチはその日の早朝に沿岸の定置網で捕獲された魚で、放流直後に遠くから仲間の存在を知って、そこに向かって泳いで合流したのである。自分の仲間を見つける超能力といってよい。

魚のこのような能力を利用して、北米の釣り人はホワイトバスの群を見つけている。その方法は、最初に釣れたホワイトバスの背鰭《せびれ》の付け根にウキ付きの糸を針掛けして放流するのである

（図5－4）。放流されたホワイトバスは仲間の群に向かうので、釣り人はウキを見ているだけで群の所在がわかる。

魚がよく摂食する時刻は潮汐だけで決まるわけではない。摂食には魚特有の日周性があって、早朝摂食型、昼間摂食型、夜間摂食型（ニベやイシモチなどの夜行性の魚）などのタイプがある。魚の摂食の日周性は、水産養殖の現場で近年使われるようになった自発摂餌装置に残された記録からかなり正確に知ることができる。この装置は、センサーに付いた棒を押したり紐を引いたりしてスイッチを入れることを魚に憶えさせ、魚が食欲に応じて自発的に餌を食える装置である。図5－5はこの装置で生け簀のブリの稚魚とマハタの稚魚の摂食日周性を調べた例である。この図では両種が朝まずめと夕まずめだけ摂食する日周期が明瞭で、朝まずめと夕まずめによく釣れるという経験則とよく一致する。

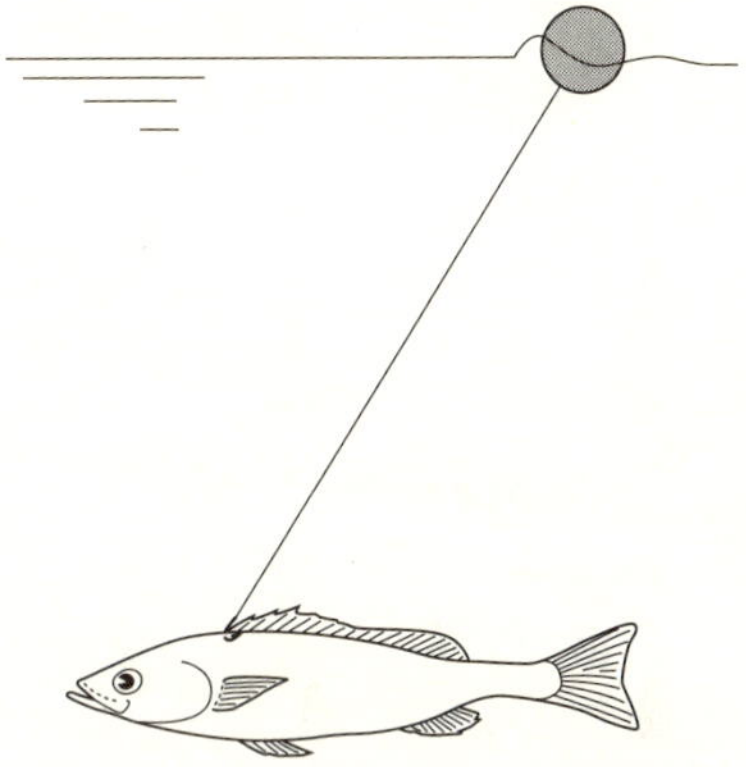

図5-4　リリースしたホワイトバスで群の場所を知る方法

魚の摂食に日周性があるのは体内時計によってコントロールされているからである。体内時計とはどの生物ももつ生理的時計である。電磁波さえ入射しない岩

5-4 潮流がつくる磯のポイント

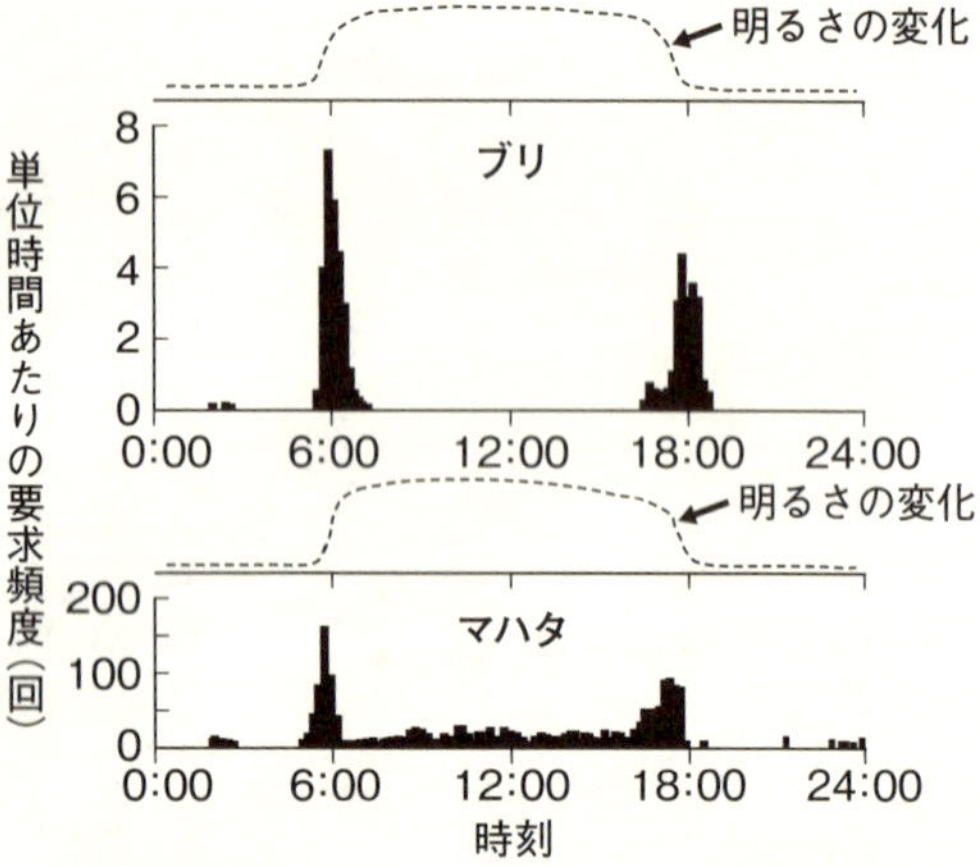

図5-5　ブリ稚魚とマハタ稚魚の摂食日周性（ブリ：Kohbaraら，2003より　マハタ：栗山，2009より）

塩鉱の中で、あらゆる環境を一定にしても、生物はほぼ一日の周期で活動する。この規則正しい日周性をコントロールするのが体内時計である。だが、摂食の日周期には昼夜の明暗周期も影響する。

一九五八年四月一九日の日中、鹿児島県南部で皆既日食を見ることができた。皆既日食をはさんで三日間、鹿児島大学の練習船がサバ延縄漁をし続けたところ、皆既日食時に、普通の明け方と同じくらいよく釣れた。摂食活動の日周性が、昼夜の明暗日周期にも影響される証拠である。

このような摂食日周性のため、早朝に潮が動くときが最好調の釣り時となる。

〝下手の長竿〟という教訓がある。初心者や釣りの下手な人に限って、他の人より遠くまで投げれば釣れると考えるという意味である。実際には、魚は岸壁の際や消波ブロックの陰に隠れていることの方が多く、むやみに遠くを狙っても釣れない。

釣りのポイントを一言でいうと、〝餌生物が集積する場所〟である。その場所を見つける基本は、潮流を見極めることである。その基本は防波堤、岩場、渓流、湖どこでも共通している。まず、防波堤で説明しよう。

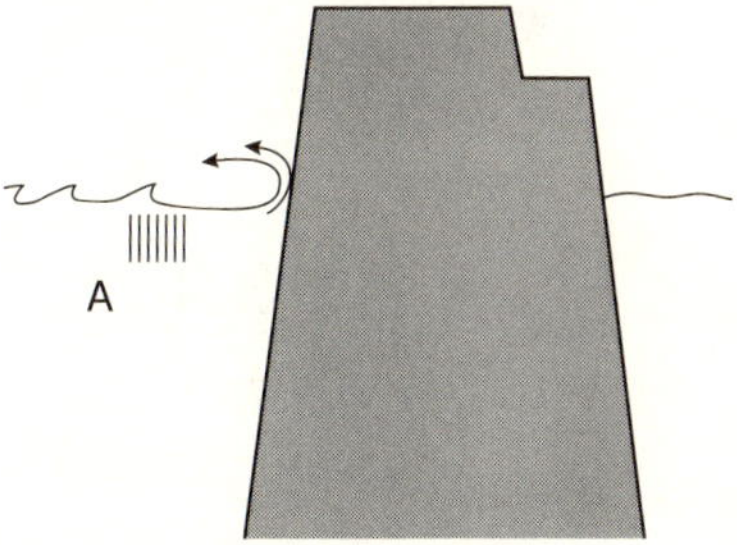

図5-6　防波堤のポイントの断面図

防波堤には、浮遊している環虫類、カラス貝などの幼生が定着する。年数が経るにつれて、岸壁にはカラス貝が密生し、内側にはイソメやゴカイといった環虫類が管を張りめぐらし、カニ、エビなど甲殻類も棲み着くようになる。そのために、防波堤は魚にとって餌が絶えず補給される場所となる。この環虫類や甲殻類を求めて、季節に応じてアイナメ、ウミタナゴ、サヨリ、マアジ、メジナなどが集まる。

私の研究室では、防波堤の付着生物が本当に餌として魚に利用されているかを知るために、鹿児島県の川尻港内にマダイ若魚を放流して、港内に居着いたマダイをサビキ釣りで捕獲して胃内容物を調べた。その結果、環虫類や甲殻類だけでなく海藻も含め、防波堤の付着生物の全種類を食っていた。

この調査と同時に港の近くの定置網に入ったマダイ若魚の胃も調べたところ、全体の二三・三パーセントの魚の胃が空で何も食っていなかった。港内のマダイの空胃率は一三・六パーセントであったので、防波堤の付着生物が磯魚にとって重要な餌供給源であることがわかる。

集まった魚は防波堤の付着生物をつついて食うこともあるが、もっぱら防波堤に衝突した波で

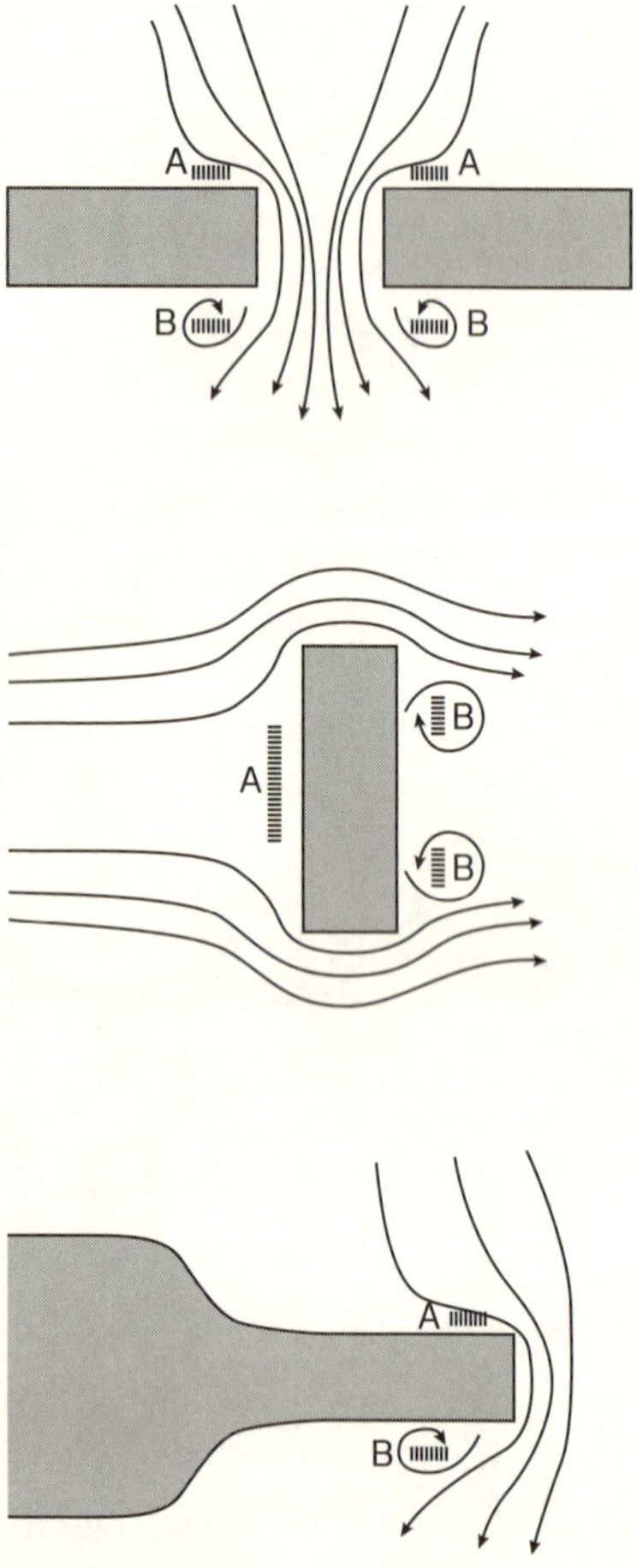

図5-7　防波堤のポイントの平面図

振り落とされた餌生物を食っている。防波堤に衝突した波は、跳ね返って次の波と衝突して潮境をつくる。この潮境に、波で寄せられた餌生物と防波堤からこぼれ落ちた餌生物が集積する。したがって、この潮境が釣りのポイントになる（図5－6と図5－7のAの部分）。

防波堤を通過した潮流の内側に渦流が発生する。この渦流の中に餌生物が集積するので、ここもポイントになる（図5－7のBの部分）。

海岸形状がV字状にへこんだ磯では、沖から向かってくる潮流がV字磯の奥に進むに従って水位を増し、岸に衝突して急激に反流する。その反流が次の進入流と衝突の潮目をつくる。この衝突の潮目は無数の泡で白く見え、サラシ場と呼ばれる。餌生物が集積する場所なので、ここもポイントになる。また、白い泡のために、魚から釣り人が見えなくなる場所でもある。光るものや動くものに警戒心が強いメジナがサラシ場で食いがよいのは、餌生物が多いだけでなく、サラシがメジナの視界を鈍らせて釣り人への警戒がなくなるためでもある。

5－5　魚は人工魚礁の潮上に集まる

日本の沿岸域に多く設置されている人工魚礁は遊漁者にとって重要な釣り場になっている。

人工魚礁とは海中に沈められたコンクリートなどの人工構造物で、魚類の棲み所の役割を果たす。浮き魚礁、中層魚礁、海底魚礁があり、どのタイプの人工魚礁も実に有効な集魚装置であ

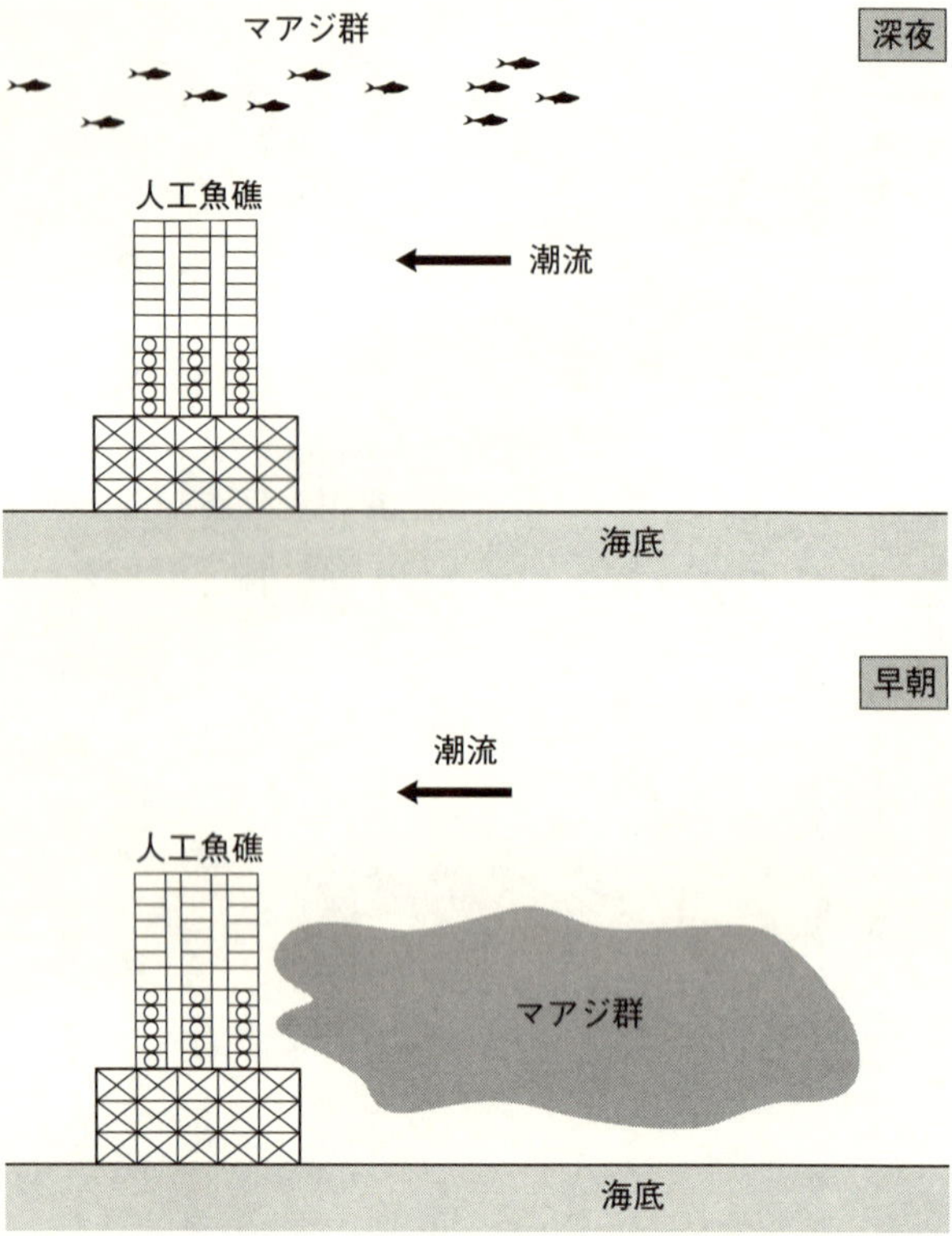

図5-8　大型人工魚礁についたマアジ群の分布（伊藤・三浦・吉田ら，2009より改変）

る。とはいっても、人工魚礁の周りならどこで釣っても釣れるわけではなく、やはり潮流と関わるポイントがある。また、人工魚礁を利用するにあたっては、遊漁者が専業漁業者とトラブルを起こさないために知っておかねばならない規制や禁止がある。ここでは人工魚礁漁場の釣りのポイントと、遊漁者に知っておいてほしい事項を述べる。

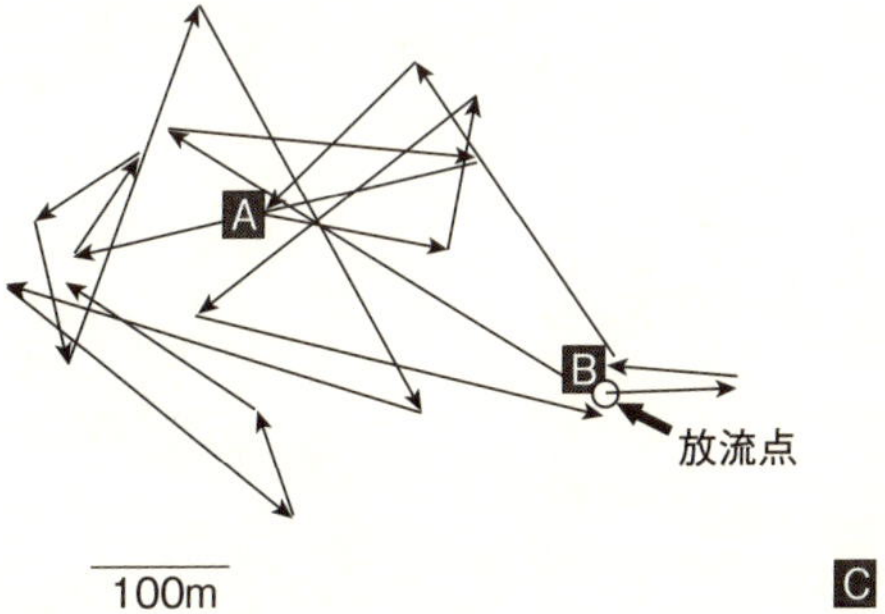

図5-9　人工魚礁周辺におけるキジハタの移動軌跡
（井谷・尾崎・中，2005より）

魚は人工魚礁の潮上に分布するので、そこが釣りのポイントになる。（財）漁港漁場漁村技術研究所が、新潟県佐渡市羽茂町地先に沈設された鋼製魚礁（高さ二一メートル、水深四五メートル）に集まったマアジ群の分布を高性能魚群探知機（計量魚探といっている）を使って調べた例を図5－8に示した。深夜と早朝でマアジの分布が変わっているが、釣りが行われる日の出以後は人工魚礁の潮上（図では人工魚礁の右側）に濃密に集まっている。

また、京都府立海洋センターが、新井崎沖に設置してある鋼製魚礁漁場で行った調査を紹介しよう。発信器を埋め込んだキジハタ（京都ではイネズという）を放流して、調査船に搭載した受信機で二四時間追跡した記録では（図5－9）、放流地点のB魚礁から潮上のA魚礁に移動してもっぱらA魚礁の潮上とその周辺に分布して、潮下のC魚礁には一度も行っていない。この図からキジハタが人工魚礁の潮上によく分布することがわかる。このときのキジハタは日没から夜半は動きが鈍く、夜半過ぎから夜明けにかけて動きが活発であった。夜明け時が釣り時のようだ。

キジハタに限らず、人工魚礁に集まる魚は、潮上で食いがよい。天然礁漁場や人工魚礁漁場で、樽をウキにして立て縄式の釣り漁具を潮に流して釣る漁法がある。これを樽流し漁法という。潮上に漁具を入れ、潮に乗って流れたら、魚礁の上に来る前に上げて潮上に入れ直す。これは、潮上の魚が食いがよく、潮下では釣れないからである。魚礁の周りでは、潮上が釣りのポイントなのである。

人工魚礁漁場では、潮時とポイントを外さなければよく釣れることが知られていて、一本釣り専業船が人工魚礁漁場に行くと、すでに人工魚礁が遊漁船(釣り船)に取り囲まれていることもある。愛知県渥美半島の渥美外海に整備したすべての人工魚礁漁場での遊漁船利用者数は、年間約四万八〇〇〇人(愛知県水産試験場調査)にのぼるという。

沖縄県石垣島では遊漁船による約八時間の「パヤオコース」という釣りコースがあり、キャッチフレーズは「全長三メートル、三〇〇キロまで成長する超大型魚『Blue Marlin』を釣りに行こう!」である。Blue Marlinとはバショウカジキのことで、豪快な釣りを楽しめる。その他にもターゲットとなる魚はクロマグロ、キハダ、カツオ、シイラ（沖縄ではマンビカーという）、ツムブリなどで、沖縄の人工魚礁は全国からの釣り人を魅了している。パヤオはフィリピンの伝統的人工魚礁のタガログ語の名称で、日本でも広く使われるようになった。岩手県の遊漁船業協会メンバーのなかには、積極的に人工魚礁を利用し、「人工魚礁から沖の根まで季節にあった楽しい釣りの提供」を特徴にしている船主もおられる。

このように、人工魚礁は遊漁船やマイボートの釣り人にも役立つものである。ただ、漁業船にしか利用されていない人工魚礁漁場も多い。それには二つの理由がある。

理由の一つは、マイボートの釣り人が人工魚礁の位置を知らないためである。水産庁漁港漁場整備部によるマイボート釣り人へのアンケート調査では、人工魚礁が設置されていることを全く知らなかった人が四三パーセント、一部（一～五ヵ所）の人工魚礁を知っている人が四一パーセントで、ほとんど知られていないのが現状である。マイボートのほとんどにGPS受信機と魚群探知機が装備されているので、位置情報さえあれば人工魚礁で釣りができる。人工魚礁情報をもっている海上保安庁や都道府県庁は、ホームページでその最新情報を見られるようにしていただきたい。

もう一つの理由は、人工魚礁漁場での遊漁が禁止されていたり制約されていたりするためである。遊漁が禁止されている人工魚礁漁場の例として、山形県海域内の漁場、川崎市～横須賀市の東京湾側漁場、三浦市〜横須賀市の相模湾側漁場、茨城県大洗沖の漁場がある。また、相模湾地域の葉山町〜湯河原町沖漁場のように条件付き開放という漁場もあるので、釣り人はその条件を知っておく必要がある。

人工魚礁での遊漁になぜ制約があるのだろうか。これは、人工魚礁を投入する漁場造成事業は漁業振興を目的として行われてきた経緯があるからだ。多くの場合、人工魚礁漁場で漁業を行う権利（第三種共同漁業権という）は漁業協同組合に与えられている。人工魚礁漁場を遊漁に開放してもらうためには、漁業協同組合の同意を得る必要があるので、釣り人が団体をつくって交渉するのが望ましい。静岡県や神奈川県の釣り人団体のように、漁業協同組合が実施している稚魚放流の費用の一部を負担することは、交渉をスムースにするであろう。

5-6 魚は人工魚礁に長期滞在する

人工魚礁に集まった魚の生態や行動がわかれば、人工魚礁をもっと有効に利用できそうである。アメリカの研究者たちが海面の浮標物についた魚の滞在期間を調べた例では、キハダ一一〜一三日、コシナガイスズミ三三日、シマアジ二〇日、スマ（ヤイト）九日、ツムブリ三三日であった。最大滞在期間が三三日だったのは、調査期間が三三日だったからである。また、沖縄県水産試験場が、マグロに水中音波を発信する標識をつけて放流した実験では、浮き魚礁に滞在した期間がキハダで一四五日、メバチで七二日であった。これらの調査から浮標物や人工魚礁は移動する魚を長期にわたって足止めすることがわかる。

私がマレーシアで現地の大学の若い人たちと行った実験では、伝統的人工魚礁（ウンジャムという）で捕獲した魚を、ウンジャムまでの距離を変えて放流したとき、一八〇メートルまでは一直線に戻ったが、二一〇メートルを超えると一匹も戻らなかった。つまり、一つのウンジャムの誘魚効果範囲は一八〇メートルということになる。また、カツオは、数キロメートル離れたところからもといた流木に戻るという。

魚がなぜこのような距離から人工魚礁の位置を知ることができるのだろうか。

これについては、魚は頭脳の中に地図をもっているらしいという説がある。どのような地図かは科学者の間で議論がわかれるが、一つは太陽の位置を規準にした地図である。魚は太陽の位置を指標にして方位を知る能力があり、太陽コンパスが織り込まれた地図といえる。もう一つは磁気コンパスが織り込まれた地図である。魚は地磁気を検出できる磁気感覚器を鼻先にもっていて、これを使って位置を知るという磁気地図説だ。私は太陽コンパスと磁気コンパスの両方が織り込まれた地図だと考えている。大回遊しない魚の移動範囲は狭いので、人工魚礁で待っていれば戻ってきた魚を釣ることができるだろう。

人工魚礁や浮標物に魚が集まる理由として「浮標物に付着する生物を食う小魚が集まり、その小魚を食う大型魚が集まる」という説がある。しかし、アメリカ商業漁業局のハワイ研究所の研究者たちが、浮標物についている魚を網目の小さい特殊な旋網《まきあみ》で一網打尽にして調べた例では、小魚は付着生物を食っていないし、大型魚は浮標物の周りの小魚を食っていなかった。これらの事実は、人工魚礁についている魚の餌場は人工魚礁以外のところであり、魚が遠く離れた餌場と人工魚礁の間を行き来していることを示している。餌場に向かう前の空腹な魚を釣りたいならば、そのタイミングは早朝であろう。

人工魚礁についている魚は摂食しないわけではないが、独特な摂食生態をもつようである。鹿児島湾のコンクリート魚礁で大型のマアジが釣れていると、マイボートをもつ釣り人である知人から聞いて、学生たちと早朝釣りに行ってみた。だが、魚群探知機には魚影がありながら、マアジが全く釣れない。その知人に釣れなかったことを報告すると、人工魚礁のマアジはサビキ釣りでないと釣れないという。次週、同じ人工魚礁でサビキ釣りをしてみると、今度はよく釣れた。他の漁業者に聞いてみるとやはりサビキ釣りがよいらしい。サビキ釣りにはオキアミの撒き餌を使うので、人工魚礁のマアジには撒き餌が必要なのだろう。

人工魚礁の材料と規模は多彩で、日本最大といわれた大分県佐伯市沖に設置されている超高層型鋼製魚礁は、高さ三五メートル（一二〜一四階のビルに相当）もある。一方、東南アジアで伝統的に使われている人工魚礁は竹とロープ、ロープに装着したニッパヤシの葉だけで、これを砂袋で海底に係留する。簡単な構造で、漁業者自身が設置している（図5－10）。東南アジアの係留型人工魚礁はフィリピンではパヤオ、インドネシアではルンポン、マレーシアではウンジャムと呼ばれ、日本には孟宗竹の束を浮かべて係留する〝漬け木〟と称される伝統的人工魚礁がある。

ある市役所に勤務する教え子から、人工魚礁を設置したいので技術的な相談にのってほしいとの依頼があった。私は自分で設置の経験があるマレーシアのウンジャムを紹介したが、後日、ウンジャム案は採用されなかったと連絡があった。規模が小さいと集魚効果が小さいと思われたようだ。

ウンジャムを日本に導入してその集魚効果を見てほしいと考えていた私は、鹿児島県の離島の十島村村長と助役に相談したところ、一緒にやってみようということになった。海上保安庁の許可と、島の人たちの協力を得て現地で準備を始めると、島の港に係留していたサルベージ船からウンジャム設置作業への奉仕の申し出があった。そのお陰で、全作業を一日で終え、島周辺に一二個のウンジャムを設置できた。ウンジャムの周りで魚が順調に釣れていたらしいが、時化の後に島の漁業者から隣の島にウンジャムが漂着したとの連絡があり、時化の潮流の猛威に驚いた。

最も積極的だった十島村助役には申し訳なかったが、モンスーン期以外には平穏なマレーシアの海のウンジャムを、黒潮に洗われる十島の海に導入したことを私は失敗だとは思っていない。

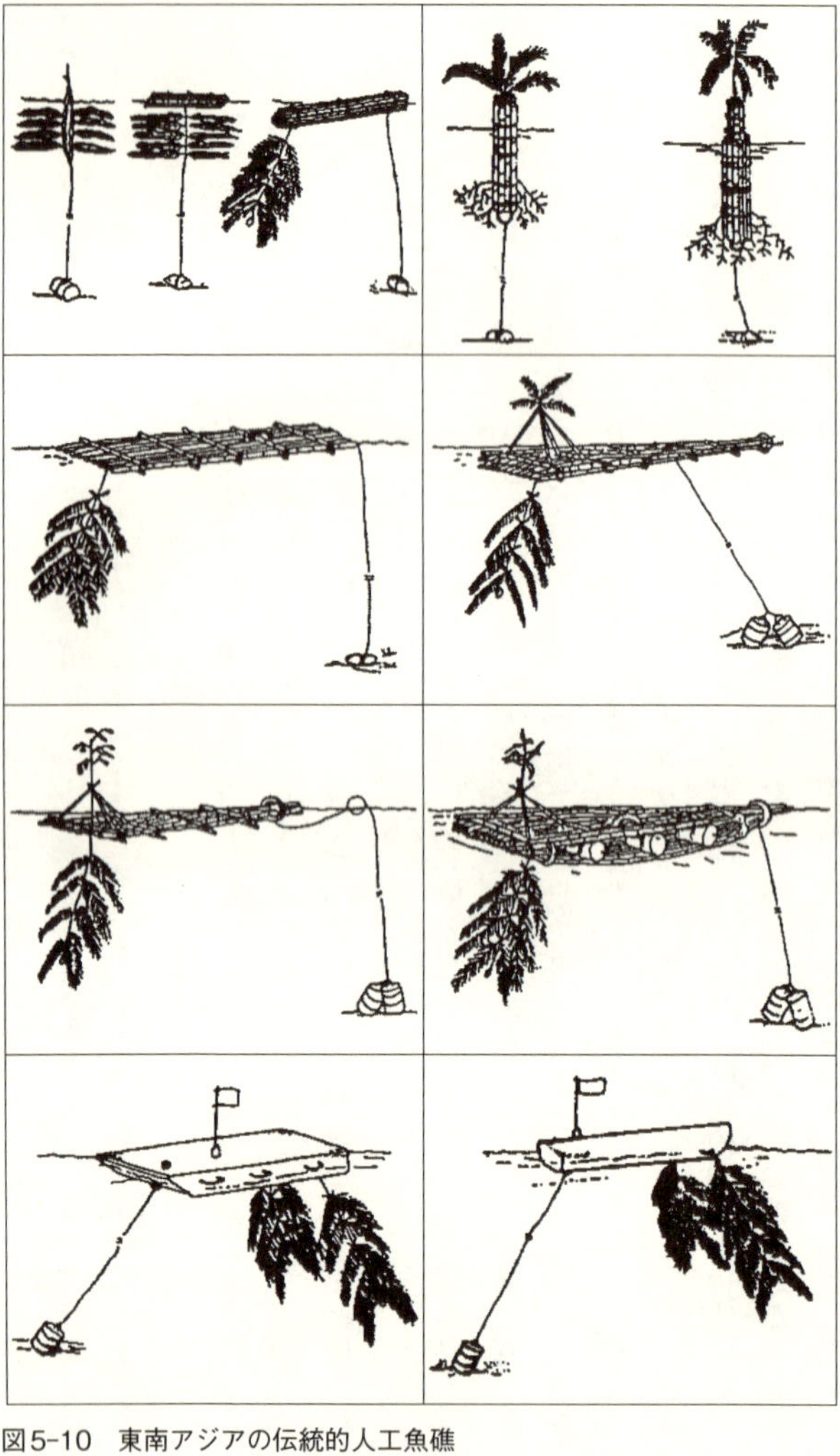

図5-10　東南アジアの伝統的人工魚礁

ウンジャムが流失したらまた新しく自分の船で設置すればいいのだ、と考えるのは楽天的すぎるだろうか。

オランダ人が書いた古い本に、インドネシアでは水深二〇〇〇メートルまでルンポンを設置する技術をもつとある。潮流の中で大きな抵抗を受けるロープは、植物繊維を使って自分たちでつくるそうだ。信じられないような高い技術で、彼らに比べると私の技術は幼稚であったようだ。

漬け木、パヤオ、ルンポン、ウンジャムいずれにも竹を使う。伝統的な浮き魚礁はどこが発祥の地かと聞くと、誰もが我々が先であると答える。日本は最も良質な竹を生産するから漬け木が先だと考えたくなるが、竹の文化はインド発祥で、中国、朝鮮半島を経て日本に伝わったと民俗学者はいっている。したがって、民俗学的には、竹を使う漁法はインドが発祥の地ということになる。

5－7　海釣り公園は青、緑の塗装に

初心者に推薦できる手軽な釣り場が海釣り公園である。〝海釣り公園〟という名称でなくても、海浜公園内などの管理釣り場と称される釣り場も同様である。関西では大阪南港魚つり園や須磨海づり公園他三ヵ所、関東では若洲海浜公園や大黒海づり施設他六ヵ所、その他全国に多くの海釣り公園がある。海釣り公園の周りの人工魚礁にはさまざまな魚が集まっている。釣り人が

多すぎてポイントの選択はできないが、十分楽しめる釣り場である。竿を貸してくれるし(ただし有料)、仕掛けと餌を売ってくれ、多少の雨や風があっても危険がない(危険が予測されるときは一時閉園)。なにより嬉しいのは家族でピクニック気分で行って、釣れて歓声をあげても周りから咎められないことである。ときおり行われるイベントではベテランから釣り指導をしていただける。もちろん釣れた魚は持ち帰ることができる。

常々不思議に思っているのは、海釣り公園のほとんどの釣り台が白く塗装されていることである。魚が好む釣り台の色は青か緑のはずなのだ。私が、鹿児島の沿岸二ヵ所に水中カイト方式(ビニールの洋凧を縦に三つ連結したもの)の中層魚礁を一〇基設置した実験では、緑と青のカイトに最も多くの魚が密集して、白と黒のカイトには最も少数の魚が離れて集まった。そして、赤と黄のカイトではそれらの中間であった。遠くからよく見える色が集魚効果が高い可能性があるので、潜水観察してみると、実験地の海中では黄が最も遠くから見え、緑と青は見えにくかった。遠くから見えやすい色に集まるのであれば、黄に一番多く集まるはずだが、見えにくい緑と青に多く集まった。集魚効果のちがいはカイトの見えやすさではなく色の効果だったのだ。

東南アジアの伝統的人工魚礁に使うニッパヤシの葉は緑色で、海中で長期間この色を保つ。鹿児島県下の漁港の近くの消波ブロックの防波堤に、付近の住民が勝手に青緑のペンキを塗ったら、防波堤で魚がよく釣れるようになったという例がある。海中の魚には海面上の施設がよく見えるので（1－2参照）、海釣り公園の海上施設を青か緑に塗ったらよい釣り場になりそうだ。

私の調査結果が鹿児島県のパンフレットに掲載されると、読者から私に二つの反応があった。一つは、鹿児島市喜入町にある新日本石油の原油備蓄基地で工事をしておられる塗装業の男性からで、基地の橋桁のうち青く塗装した橋桁の周りにいつも魚が多いという情報提供であった。彼はこの発見から青い色が魚を誘引すると考えていて、これを故郷の海岸に魚を呼び戻す方法に使うことを模索しておられた。他の一つは、鹿児島県にある内之浦宇宙空間観測所と種子島宇宙センターのロケット発射台の白い色が、沿岸の魚に悪影響を及ぼすと漁民が考えていることに対する、私のコメントを求めた新聞記者からであった。昔から漁師の間では、海岸に迫った山に豊かな林がなければ魚が寄りつかない、と信じられていて、このような林を〝魚付き林〟といっている。私はその記者に「白は環境に優しい色ではない」とだけ回答したが、本音は魚付き林に似た緑色にしてほしいと思っている。

5－8　渓流で魚はどこに潜んでいるか

渓流釣りの主な対象魚はサケ科のヤマメ（山女、山女魚）、イワナ（岩魚）、アマゴである。ヤマメはサクラマスのうち降海せずに一生川で過ごす河川残留型のことで、北海道、東北地方ではヤマベとも呼ばれる。全身が銀色になって海に出るものを降海型といって、ヤマメの卵とサクラマスの卵の両方から河川残留型と降海型の子供が産まれる。

アマゴはサツキマスの河川陸封型である。イワナは生涯を川で過ごす。イワナとヤマメと同居する川では両者は棲み分けをしていて、イワナはヤマメより水温が低い上流に棲んでいる。

渓流の魚の餌は動物プランクトン、水棲昆虫、他の魚、樹木から落下する昆虫、水底の甲殻類である。川の中の石を持ち上げてみると、小さな虫がへばりついているのが見られる。これが水棲昆虫、通称川虫という。渓流で最も多いのがカゲロウ、トビケラ、カワゲラの仲間で（図5－11）、渓流魚の重要な餌になっている。これらは、半年から一年の長い幼虫時代を水中で過ごし、やがて羽化して短い亜成虫・成虫時代を陸上で過ごす。幼虫だけでなく、水面の亜成虫と成虫も盛んに捕食される。

渓流の流れに目の細かい網を入れてみると、上流から流れてくる水棲昆虫が意外に多いことに驚く。私が学生の頃、ヤマメが食った餌の消化過程を調べる実験を手伝ったことがある。附属実験所の構内を流れる川の水を導入した実験用水路のヤマメに、十分ペレット餌料を食べさせて経時的にヤマメを解剖して胃内の餌を二四時間調べた。満腹から空胃に至る消化過程を調べる実験であったが、ヤマメは川水と一緒に入り込んだ水棲昆虫をいつも腹一杯食っていた。水棲昆虫は昼夜にわたって大量に流下しているようである。それにもかかわらず、上流に水棲昆虫がいなくならないのが不思議である。川底をよく見ると、上流に向かって川底を這っているたくさんの水

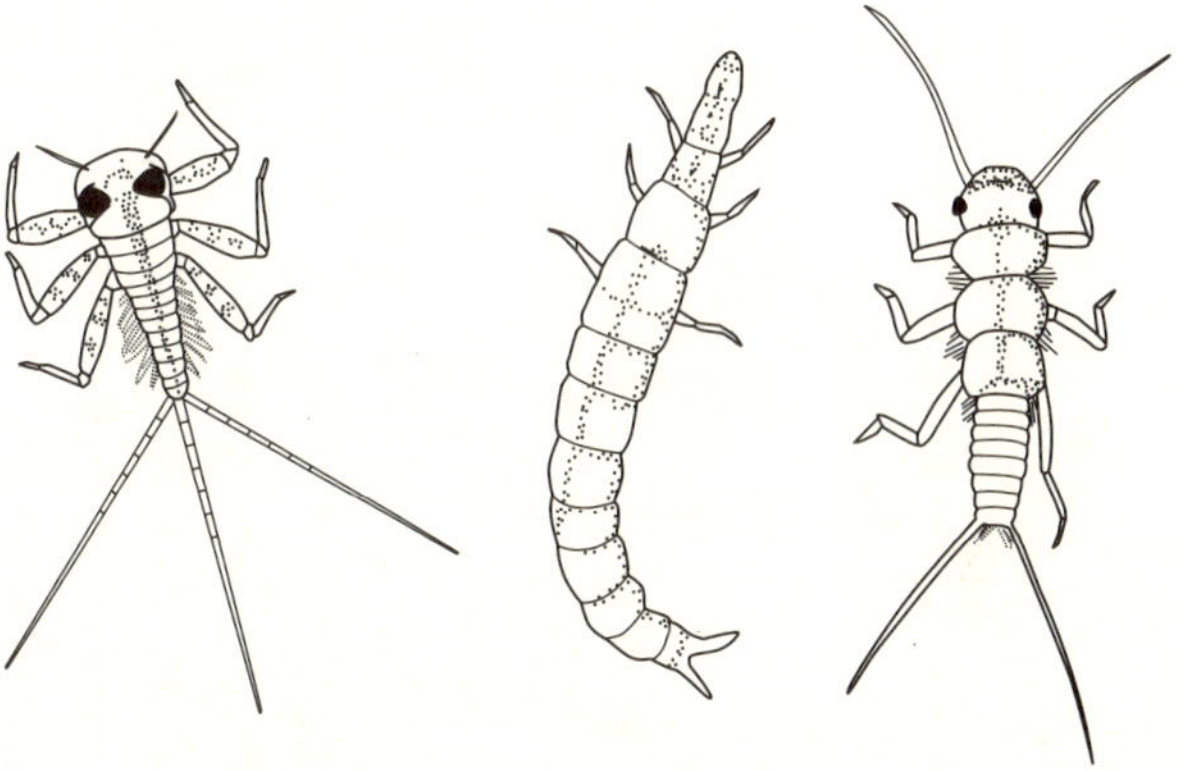

図5-11　渓流の水棲昆虫シロタニガワカゲロウ（左）、ヒゲナガカワトビケラ（中）、フタツメカワゲラ（右）の幼虫

棲昆虫を見ることができる。水底を遡上する水棲昆虫が常に上流域に補充されているので、上流で水棲昆虫の密度が極端に減少することはないのだ。

魚は常に餌が流れてくるのを待っている。待っている場所は、日中は岩の陰や白泡の下など外敵から身を隠せる場所であるが、朝夕のマヅメ時や活性の高いときなどは流れの中に出てきている。いずれにしても、餌が効率よく摂れる場所で待っていると考えてよい。その場所が釣りのポイントになる。代表的なポイントは、流れ込み、かがみ、瀬、淵である。

〝流れ込み〟はいくつかの流れが一つに合流しているところをいい、大抵流れが速くなって泡立ったり水面がざわついている。ヤマメは少し流れが緩やかになったところにいるので、釣り上がりの場合は流れの合流部分よりも下流側から丁寧に釣っていく。

ポイントは見ためよりもかなり下流側にある。

〝かがみ〟とは、流れの中でときおり鏡のように平穏になるところをいう。フライフィッシングでは、ざわついた流れが一瞬平穏になったときにフライが流れてくると、魚が飛び出してくる。

〝瀬〟とは、水深がくるぶしから膝くらいまでの比較的浅い流れをさす。その中でも、水面が比較的穏やかな流れを平瀬、水面のざわつきが激しく流れのきついところを荒瀬といっている。水温が上がって魚が活性化する頃になると、瀬に魚が出てきて盛んに餌を摂るようになる。摂食欲が高い魚はかなり浅いところにもいて、流れの中の石と石の間に身を隠して餌を摂っている。

流れが落ち込んでできる〝淵〟は、流れ落ちてくる餌を待ち構えて捕食している魚がいて、絶好のポイントである。ただし、淵の中ならばどこでもよいわけではない。魚がいるのは淵の上流側の淵頭の白泡が切れたところと、下流側の流れが集まる（したがって餌が集まる）淵尻（かけ上がりともいう）である。京都府の貴船川や三重県の赤目四十八滝渓谷の禁漁区では、大型のアマゴが、淵の水面で流れ落ちてくる餌を上流に向かって待っている様子を見ることができる。このようなアマゴは、その淵で勢力が強い個体で、一番よい位置を占めて餌を待っている。姿が見える魚は釣れないといわれるが、アマゴは姿が見えても釣れる。禁漁区でなければ、下流から狙って釣り上げていく。ただし、釣り人は自分の姿がアマゴに見られないように淵に接近することが肝要である。

淵では、淵頭と淵尻がポイントになるのは中流域でも同じで、オイカワは淵尻で大食いがあっても淵の中央では全く釣れないと思ってよい。

渓流で魚が身をひそめている隠れ場は、倒木の下と岩の裏である。魚は流れてきた餌を食うために流れの中に出てくるので、流れの中にある倒木や岩が狙い目である。

魚が岩陰など陰になるところに身をひそめるのは、流れてくる餌をよく見るためであって、臆病で身を隠しているわけではない。晴天時に桟橋の下に潜って目を凝らすと、陰の境目の動物プランクトンがよく見える。逆に、桟橋の陰の外から見ても動物プランクトンは見えない。このように、物陰にいると餌生物を見つけやすいのである。また、黒っぽい体色の魚は日陰にいると見えにくいが、銀色の体色の魚は日陰では目立ってしまう。魚はこのようなことを知っているのか、晴天時には黒っぽい体色の魚は岩陰にいるが、銀色の魚は岩陰に入らない。

5-9　アユの習性を利用した友釣り

囮アユを使ったアユの友釣りは、我が国特有の世界に知られた釣りである。晩秋から冬にかけて川で生まれたアユの仔は、海に泳ぎ出て（流されて海に出るのではない）、冬の間は暖かい沿岸域で生活する。春までに七～一〇センチほどに育った稚アユは、水温が上がり始めた川を遡上して、産卵まで川で生活する。群をつくって生活する若アユの一部は縄張りをつくる。アユの縄張りを護る闘争本能は非常に強いもので、この縄張りに侵入した他のアユに体当たりなど激しい攻撃を加える。この闘争本能を利用して、囮アユに攻撃する縄張りの主を釣るのが友釣りである。

釣り場をつくるために、アユは方々の川に放流されてきた。放流用としては、琵琶湖産のアユが最も好まれる。これは、海産アユより攻撃性が強く、友釣りに適しているからである。アユの攻撃行動を引き出すリリーサ（本能行動を引き出す刺激）は胸部にある黄色い斑点模様で、琵琶湖産のアユのリリーサ模様はとくに鮮明な傾向がある。リリーサは、本能行動と対の関係にあって、リリーサで刺激されると動物は自動的にその本能行動をしてしまう。その例として、イトヨの攻撃行動のリリーサがある。縄張りで巣をつくったオスは、縄張りに侵入してくる同種のオスに激しい攻撃をしかけて追い払う。この攻撃行動のリリーサがオスの赤い腹で、その他のどんな刺激も攻撃行動を誘発しない。

アユの攻撃行動のリリーサに気づいた前出の向井幸則君が、囮アユのリリーサを強調するベルトを考案した（図5－12）。黄色い斑点模様をつけたベルトを胸部に巻いて装着するもので、彼が勤務する釣り具メーカーから実用新案の公開がされた。科学的な発見が伝統的なアユ友釣りを近代的なものに変えるかと私は期待したが、商品化には至らなかったようである。

釣り糸の先に囮アユを固定する鼻管と呼ばれる小さな輪と、掛け針およびサカ針が一体となったセットが仕掛けである。

記録によると、江戸時代後期にはアユの友釣りが行われている。明治一一年に刊行された『三重縣漁業圖解　五』（三重大学附属図書館所蔵）には次のように記載されていて、現在の友釣りの方法は当時から全く変わっていないことがわかる。

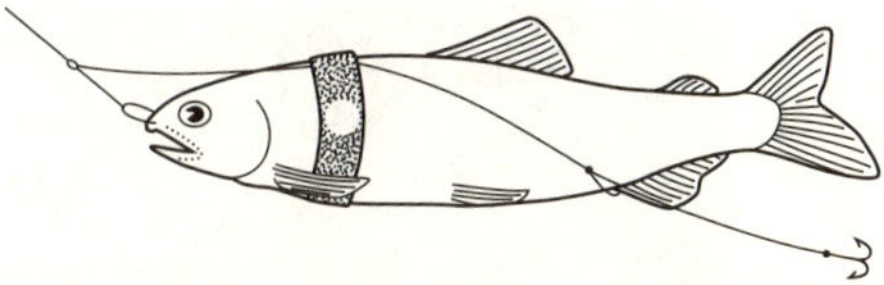

図5-12　アユの体模様のリリーサを強調したベルト

「アユ　その方法は、まず活魚を捕えて鼻孔よりスガ糸『蚕糸の小さなもので、方言でスガ糸という』を通して、長さ二間余の竿に着けて急流な瀬で游泳させる。友魚には針二本を附けて尾辺に游動させる。他の魚が友魚に近寄って摺合い、尾端に游揺する針に掛る。このとき静かに河岸へ曳寄せて捕える。もし急激に針を揚げると輪糸が切れるだけでなく友魚を死なす憂がある」（筆者による口語訳）

友釣りの囮に掛けておく針が尾の端にあることが記載されている。その理由は縄張りアユが囮アユの腹の肛門部を突いて攻撃するので、針が縄張りアユの背鰭部分に掛かるようにするためである。背鰭部分に掛かったアユは囮アユに使うことができる。このようなことがすでに当時知られていたのは興味深い。

アユの鵜飼漁も伝統的な漁法として知られている。一三〇〇年来我が国の古代漁法として伝承されてきた鵜飼漁が、御料鵜飼として皇室の保護のもとに岐阜県長良川で行われている。それがインターネットのさまざまなホームページで紹介されていて、そこには松明の灯に集まったアユを鵜が獲ると書いてあるものが多い。これには問題がある（図5－13）。

図5-13　鵜飼の鵜と松明（大分県日田市内三隈川）

私が、アユには光に集まる習性（走光性という）がないと講義で話すと、後日ホームページを見た学生たちから私の話が間違っているとクレームが出た。最近の学生たちはインターネット情報を正しいと信じて、私の話を信じない。私は大分県日田市の鵜匠にお会いして「アユは灯を嫌って逃げるが、動きの速いアユでも灯に眼が眩んで逃げ遅れるので鵜が獲れる」と聞いた話と、『三重縣漁業圖解　五』の次のような記載を紹介してようやく学生たちに信じてもらえた。「アユ漁は、夜間松明を用いて二人あるいは三人で行う。淵瀬の深いところで松明の火を振ると、アユは火を恐れて深底を出て奔走し、張っておいた網の目に刺さる」（筆者による口語訳）

我が国特有のアユの友釣りがまだ現存して多くの釣り人を魅了していることに、私は誇りを感じる。友釣りに欠かせない九メートルを超える長竿の材料が、竹からカーボン、さらに竿の先がチタン合金に変わって、軽量化されて釣り人を増やしているが、重要なことは、アユが棲息できる清流の環境が保たれていることである。

動物性の餌が少ない川に入ると、アユは食性を動物から植物に変えて瀬の玉石の上に生える珪藻やラン藻を食べる。このとき、アユの口の構造が石の表面の藻類をはぎ取って食べるのに都合がいい形に変化する。アユが川で生活し始める頃になると日光が強くなってきて、藻の生長がよくなる。一匹のアユの縄張りの範囲は一平方メートル程度であるが、この範囲の川底の藻の量は多いところで八〇グラムもあって、アユに食われても藻は次々と生長する。アユが十分成長できる量である。清流の女王と呼ばれるアユは、このような川があって初めて生活できる。

ドイツを流れるライン川では、メスを囮にしてオスを捕獲する伝統的なサケ囮漁が行われていた。囮には魚形模型も使われているらしいので、詳細をドイツの漁業学者に問い合わせたところ、この漁法は河川の汚染のためにすでに消滅してしまって、詳細はわからないとの返事であった。

5-10　天然湖と人工湖でポイントは異なる

湖は陸水学的には静水域に分類される。静水域といっても、水が静止しているわけではなく、鉛直的にも水平的にも湖水は動いて湖流をつくっている。

まず、鉛直的な湖水の動きをみてみよう。冬期は湖の表層の冷たい湖水は重いので沈んでいく。すると、表層下のやや暖かい水がわき上がって表層に供給される。この水は再び冷やされて沈み込んでいく。このような湖水の鉛直的な動きによって、表層水と底層水が混合している。水温が零度以下になると表層から凍り始める。凍結温度は水深が深くなると低くなるが、その変化は小さい（水深一〇メートルごとにマイナス〇・〇〇七四度）。生成された氷は断熱材の働きをし、底層の熱が表層へ逃げるのを防ぐので、数メートル以上の水深をもつ湖は底まで氷結することはない。

夏から秋に暖められた表層水は軽く、底層の冷たい重い水と混合しにくくなる。そのため、底層水の上に暖かい表層水が蓋をしているような水温構造になる。表層水と底層水の間は水温が急激に変化する層で、これを水温躍層という。水面から溶け込んだ酸素が底層まで供給されないため、底層には溶存酸素が少ない。底層ではさらに、水中の有機物が分解される過程で酸素が奪われ、底層水は酸素を失ってゆく。つまり湖底では酸素が非常に少ない。このような湖底に釣り針を下ろしても決して釣れない。

次に、湖水の水平的な動きと釣りのポイントをみてみよう。湖では湖面を吹く風によって表層の水が風下方向に流れ、深層では反転流が起きて逆に風上方向に流れが生じる。これを吹送流《すいそうりゅう》と呼ぶ。湖沼の流れはほとんどが吹送流である。吹送流が水棲昆虫などの餌生物を運ぶので、湖流が突き当たる岸に餌生物が集積されて、釣りのポイントの一つになる。ワカサギや湖アユ（陸封型アユ）の産卵場は、常に風下の湖岸である。また、霞ヶ浦の張り網の漁獲量は、漁具が設置してある湖岸に向かって吹く風が強いときほど多い。湖の釣りのポイントは、風が決めると考えてよい。

　湖では水草の役割も重要である。岐阜県各務原市にある自然共生研究センターの調査によると、水草は魚の避難場として機能していて、フナのような遊泳性の魚とヨシノボリのような底棲性の魚の両方の隠れ場になっている。そして、水草に隠れていると肉食魚に食われにくいことも実証された。また、水草場は、ユスリカの幼虫やプランクトンが豊富で、魚の餌場でもある。各地の湖でプランクトン採集をした生態学者の知人によると、湖中央部ではプランクトンの量が少なく、湖内の魚が十分摂食できない計算になることに疑問をもったらしい。ところが、彼はプランクトン採集用のタモ網で水草場をすくってみて、プランクトンの量の多さに驚き、水草場の重要性を理解できたという。

　風で起こる表層の流れは下層にも影響を及ぼす。鉛直の水の交換が起こって底層に酸素が供給されるのである。しかし、海水湖ではあるが北海道網走市の能取湖《のとろこ》では微風が続くと底層への酸素供給がなくなるという。そのため、低酸素水塊が底層に形成されて、湖底で養殖しているホタテ貝が死亡する被害がでるほどである。深さ二〇メートルほどの湖の底層に酸素が供給されるた

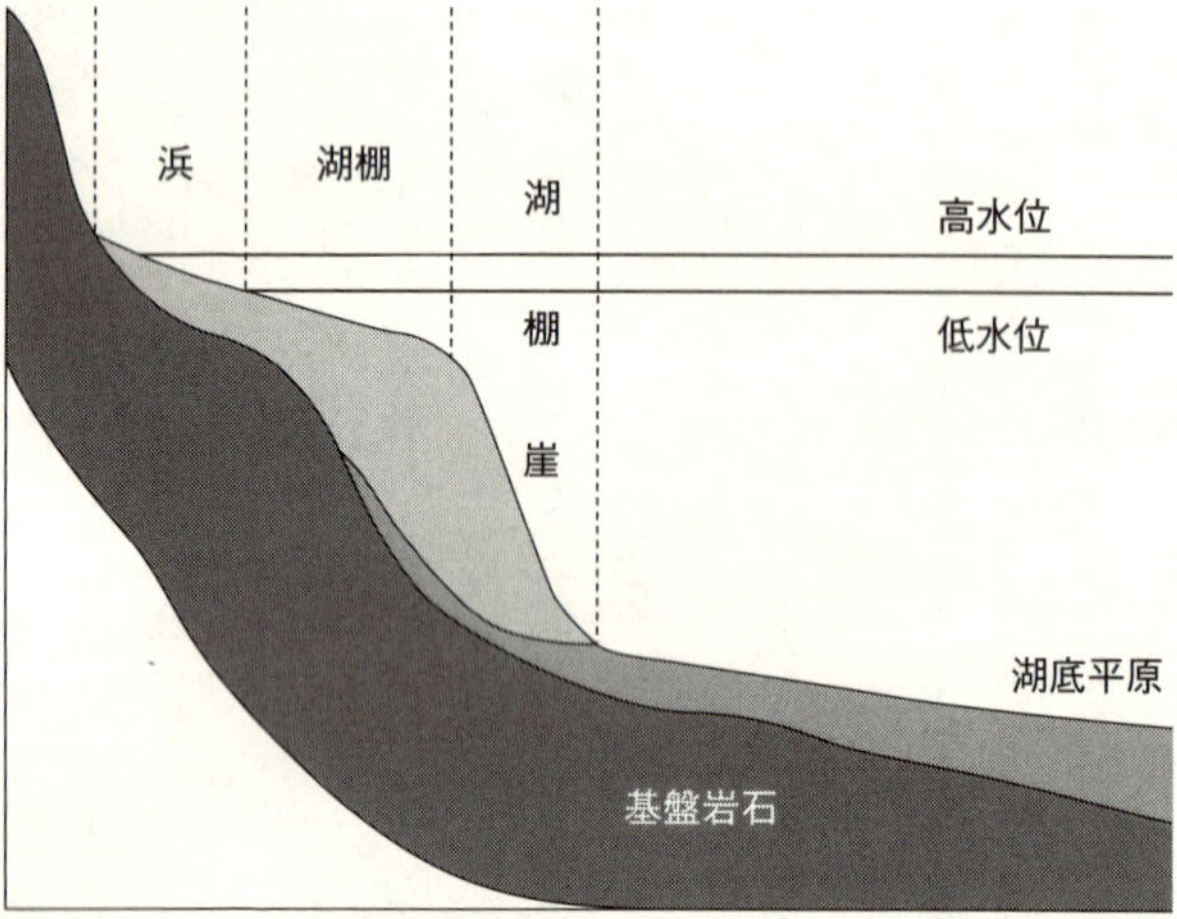

図5-14　湖盆地形の断面図（新水産ハンドブック，1981より）

めには、秒速六メートル以上の風が必要で、秒速四メートル以下では弱すぎる。このような湖では、微風が続いた後の釣りは表層狙いになり、強風が続いた後には底層に酸素が供給されて底層の魚に食欲が出るので、釣りは深みも狙える。

湖底の地形についても考えてみよう。平地の湖では、流れや波で掘り起こされた湖岸の砂礫が堆積して傾斜が緩やかな湖棚ができている（図5－14）。湖棚は棲息する生物の種、量ともに豊富で、大型水棲植物が群落をつくっていて、魚類が集まる場である。湖棚が落ち込む先を湖棚崖といって、湖棚と湖棚崖の境目付近に魚が群れていることが多い。したがって、大型水棲植物群落の周辺と湖棚と湖棚崖の境目付近が釣りのポイントになる。

人工湖（ダム湖）では、天然湖と湖底地形がちがうので、釣りのポイントが異なる。我が国にはおよそ二五〇〇の人工湖があり、数はアメリカについで世界第二位となっている。人工湖の特徴は、湖岸が急傾斜であることと、水位差が大きく、釣りのポイントとなる湖棚が形成されていないことである。その一方で、大きな河川流入があることが特徴で、これがワカサギのように川を遡って産卵する魚類に好適な産卵場を提供している。産卵期には、当然ここが釣りのポイントになる。人工湖の水の流れを全体的に見ると、大型河川に似ている。〝流れダム湖〟という表現まであるように、流水性の魚が多い。福島県の宮下湖ではエゾウグイ、ニゴイなどが多く、静岡県の秋葉湖ではウグイ、オイカワ、ニジマスが代表的な魚である。

天然湖のように停滞水域が広く湾入部が多いダム湖は〝止まりダム湖〟と呼ばれ、止水性魚類であるワカサギやコイが代表的な魚である。

6章　釣りにくい魚と釣りやすい魚

魚が気まぐれなのか、自分の釣りの技術が未熟なのか、同じ場所で釣っているのに隣の人は同じ仕掛けでどんどん釣るが自分にはアタリさえない。このような経験はよくある。どうも釣れないのは自分の技術だけではなく魚側にも問題がありそうだ。ここでは釣れる魚と釣れない魚を考えてみよう。

6-1 摂食様式でアタリが決まる

釣りはフナに始まってフナに終わるといわれ、フナ釣りの〝合わせ〟はやはり難しい。〝合わせ〟とは、魚が餌をくわえて針を吐き出す寸前に釣り糸を引いて掛かりを確実にすることをさす。このタイミングを外すと餌をとられるだけに終わる。

魚の餌の食い方は、飛びつくようにパクリと噛み付く食い方と、口の直前の餌を強く吸い込む食い方がある。フナの餌の食い方は吸い込み型である。フナに似た魚を使って測定した実験ではこの吸い込む力は意外に強く、人間の大人の吸引力とあまり変わらないらしい。吸い込み型の餌の摂り方がわかれば、フナのアタリ（魚信）にうまく合わせられるかもしれない。

サンフィッシュ科の魚は吸い込み型の摂食をする魚である。その仲間のオオクチバスとブルーギルはルアーフィッシングの好対象魚で、一見噛み付き型に思えるが、実はこれらも吸い込み型である。魚の吸い込み摂食をアメリカのカリフォルニア大学とロチェスター工科大学の研究者た

測定項目	オオクチバス	ブルーギル
最大口径（cm）	2.60	1.30
最大開口までの時間（ms）	22.4	28.3
餌に追突する速さ（秒速 cm）	48.0	8.10
吸い込む水の量（mL）	27.8	4.50
吸い込まれる水の速さ（秒速 cm）	83.3	46.5

表6-1　餌を吸い込む力のオオクチバスとブルーギルの比較（Highamら，2006より）

ちが共同で調べている。彼らの研究目的は、魚種によってちがう摂食様式が種の生存にどのように有利にはたらいているかを知ることで、釣りの技術向上ではない。しかし、魚の吸い込み型のメカニズムは釣りに参考になりそうなので、この二種の魚の研究例を紹介しよう。

餌を吸い込む魚の口は、吻部を前に突き出すことができる構造になっていることが特徴である。この口の動きによって口の中の容積が大きくなり、口の中が急に陰圧になって水が吸い込まれる。このとき、餌が射程距離内にあれば、餌をうまく吸い込めるか否かは水の動き次第である。水の動きの速さは、口が小さい魚（ブルーギル）で速く、口が大きい魚（オオクチバス）で遅い傾向がある。そして、水が瞬間的に動く速さ（加速度）は口が小さいと大きく、大きな口では小さい。具体的にそれらの数字をみてみよう。

表６－１に示したデータはカリフォルニア大学のハイアム博士らが測定した体長一五・〇～一五・四センチのオオクチバスと体長一六・六～一八・〇センチのブルーギルから得られた値である。表には平均値を示しているが、口を最大に開く最大の速さが二種とも一〇ミリ秒

（一〇〇分の一秒）で、餌の直前に達したときの最大遊泳速力（表では追突する速さと記載）はオオクチバスで秒速一〇〇センチ、ブルーギルで秒速二〇センチである。また、吸い込まれる水の最大の速さ（餌が吸い込まれる最大の速さと考えてよい）は、二種の魚とも秒速およそ一〇〇センチである。

これらの数字を見ると、オオクチバスとブルーギルはまさに瞬間的に餌を吸い込んで摂っていることがわかる。それでも摂食は失敗することがある。狙われた小魚やエビが、捕食者の接近に気づいて射程外に出て捕食を逃れている。

最近は高速度撮影ビデオカメラが普及して、瞬間的な摂食行動を調べることができるようになったが、ヒトの眼には摂食の瞬間をとらえることはできない。ブルーギルが瞬間的に物を識別できる時間は三〇万分の一秒である（1－1参照）。ヒトより遥かに優れた眼をもつのでこのような摂食が可能なのだろう。

経験豊かな釣り人は、釣り上げる前にアタリだけで魚の大きさだけでなく魚種までわかるという。魚種によって吸い込み摂食の様式がちがうからであろう。カリフォルニア大学の研究者たちは、魚種によって吸い込み摂食の様式がちがうことに気づいて、魚種を増やして研究を続けている。フナやコイは動きが遅いように思われるので、吸い込みも遅いかもしれない。フナ釣りの合わせを分析するにはフナを使って日本で実験する必要がありそうだ。

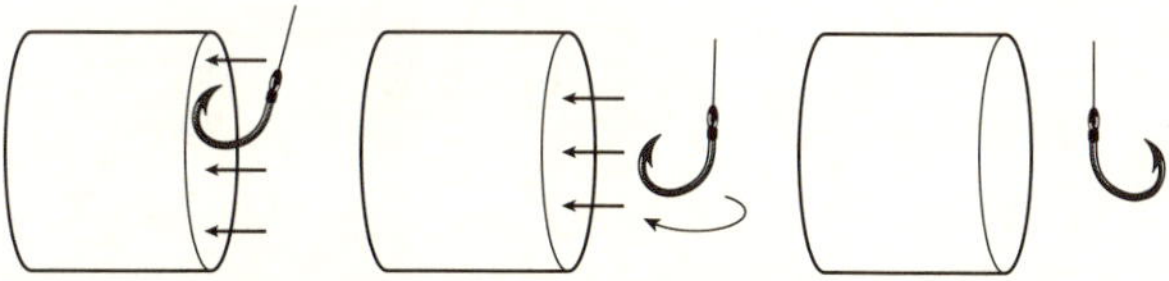

図6-1　空気ポンプに吸い込まれる釣り針の状態

魚が釣り針を吸い込むときは、必ず針先が口の方に向いた状態で吸い込まれる。私がこれを空中で再現して実験した結果を図6－1に示した。針先が吸い込み口と反対方向に向いていても（右）、吸い込みの瞬間に針が回転して針先が吸い込み口を向いて（中）、そのまま吸い込まれる。これは水中でも、餌が掛かっていても同じで、針先が先に吸い込まれた。力学的には、ハリスが針のかえしを反対側に引っ張るので針先側が先に吸い込まれるのである。しかし、自分の眼で針の動きがわかる程度の吸い込む速さでの実験だったので、吸い込まれる時間が一〇〇分の一秒以下ではどうなるか私には予測できない。高速度撮影装置を使った再実験が必要だろう。

ナポレオンフィッシュという頭にこぶがある熱帯性の魚の餌の食い方を、マレーシアのボルネオ海洋研究所水族館の巨大水槽で観察したことがある。この魚の餌の食い方は、吻端を大きく伸ばして直前の餌を強く吸い込む。フナの餌の摂り方に似ている。フナとちがうところは、ナポレオンフィッシュは鋭い犬歯をもっていることだ（図6－2）。吸い込み型の摂食には不要なはずの犬歯の役割を、私は疑問に思っていた。ところが後日、生簀の中のナポレオンフィッシュの摂食を見ると、食いつきが噛み付き型である。よく見

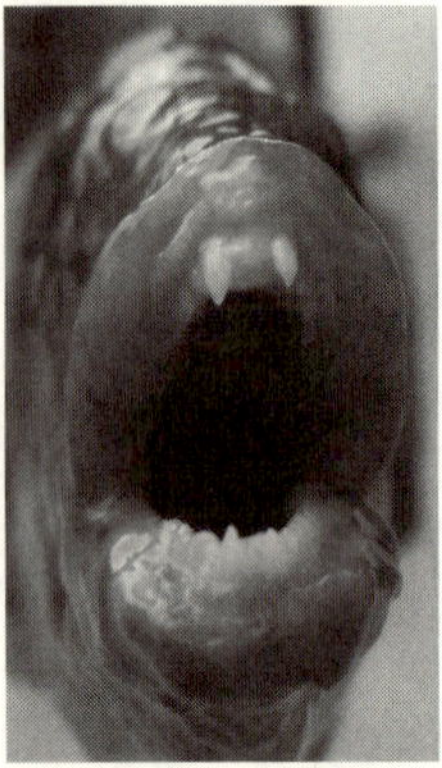

図6-2　ナポレオンフィッシュの鋭い犬歯

ていると、餌に向かうライバルがいるときは噛み付き型で、ライバルがいないときは吸い込み型なのである。このように、状況が変わると餌の摂り方が変わるのでは、アタリで魚種を判定するのは難しいだろうと思いながら観察していた。

ここで魚が釣り針を吐き出すメカニズムを書かないと話は完結しない。魚は口に入れたものが異物であると直ちに吐き出す。アタリに合わせるためには、釣り針の吐き出し方も知りたい。その情報は釣り針の改善にも必要である。しかし、釣り針の吐き出しに関しては、科学的な研究はこれまで行われていない。私も調べた経験はない。後述の7－2では、伝統的なC型釣り針の効果が見直されたことを説明している。だが、魚の吐き出しのメカニズムに基づいたC型釣り針の評価ではなく、釣った結果から口の中の釣り針の動きを推測している。残念ながら、未完結なままこの項を終わらざるを得ない。

6－2　もともと釣りにくい魚は存在する

空腹な魚は食欲が強くなって、警戒心が薄れて釣り餌に容易に誘引されて釣れやすいと思われるが、実はそうではない。大阪大学基礎工学部・鈴木良次教授（生物物理学）によると、空腹な魚ほど警戒心が強くて与えた餌に容易に寄りつかず、ある程度餌を食った後の方が警戒心が薄れるという。魚の摂食生態に詳しい東北大学農学部・畑中正吉教授の調査では、仙台湾のイシガレイは冬の産卵期にはほとんど摂食せず、摂食が盛んな三〜六月でも空胃魚の割合は三九〜五七パーセントであった。一つの群の中でも二〇〜三〇パーセントの高い空胃率の出現は他の魚でもよくみられることで、群のなかには常に警戒心の強い空胃個体が混じっている。群のなかの最も警戒心が強い魚が群のリーダーになり、リーダーの行動が群の仲間に伝達されるので、空腹の魚が多い群は釣れにくいということになる。

空腹だけが魚を釣りにくくするのではない。アユの解禁は川によって五〜七月、どの川でも解禁直後はよく釣れるが次第に釣果が落ちてくる。解禁日を待っていた大勢の釣り人たちが解禁と同時に釣り始めるので、川にアユが次第に少なくなって釣果が落ちるわけではない。アユの減少より先に釣獲率の低下が起こって、アユがいるにもかかわらず釣れなくなるのである。これはアユだけでなく、渓流の他の魚でも同じ現象がみられる。こういうのを魚がスレて釣れなくなるという。スレとは本来、魚の口以外に針が掛かって釣れることをいうが、〝スレる〟という表現は、魚がルアーや仕掛けを偽物と見抜いたり、人の気配を感じて、魚が警戒心を抱いて釣りにくくなることも意味する。しかし、本当にスレることが釣れなくなる原因なのだろうか。

一つの群から一定の方法で魚を連続的に漁獲して除去していけば、一日当たりや一船当たりの漁獲量が残存数に比例して減少するはずである。この考え方に基づく資源量推定法を除去法というが、釣り漁業にはあてはまらないことが経験的に知られている。その理由は、魚の群には釣りにくい個体と釣りやすい個体がいて、釣りやすい魚が先に釣れて釣りにくい魚が残るためだといわれている。これは欧米で信じられている説だが、よく調べられていないし、我が国では全く調べられていない。そこで私は研究室の学生たちを総動員して、それを検証するための釣り実験を行ってみた。

検証実験は、一回の釣りで収容数の半数を釣り上げ、標識して池に戻し、三日間の回復期間の後に再度半数を釣る。これを四回繰り返すという設計である。毎回続けて釣られれば釣りやすいと評価され、一度も釣られなければ釣りにくいと評価される。最終的に何回釣れたかは、個体ごとに標識で確認できる。

使った魚は釣り針の経験がないティラピア・モザンビカ、ニジマス、クロダイで、どの魚も最初はどんどん釣れたが、魚が残り少なくなるとアタリが小さくなって釣りにくくなった。図6－3に示したティラピアの例では、九二匹のうち四回続けて釣れた魚が一二匹、一度も釣れなかった魚が一七匹である。みな同じように釣れるという仮定のもとに計算した理論値から見て、この一七匹が確率的にあり得ない数であれば、偶然釣れなかったのではなく、釣れない魚だと結論される。

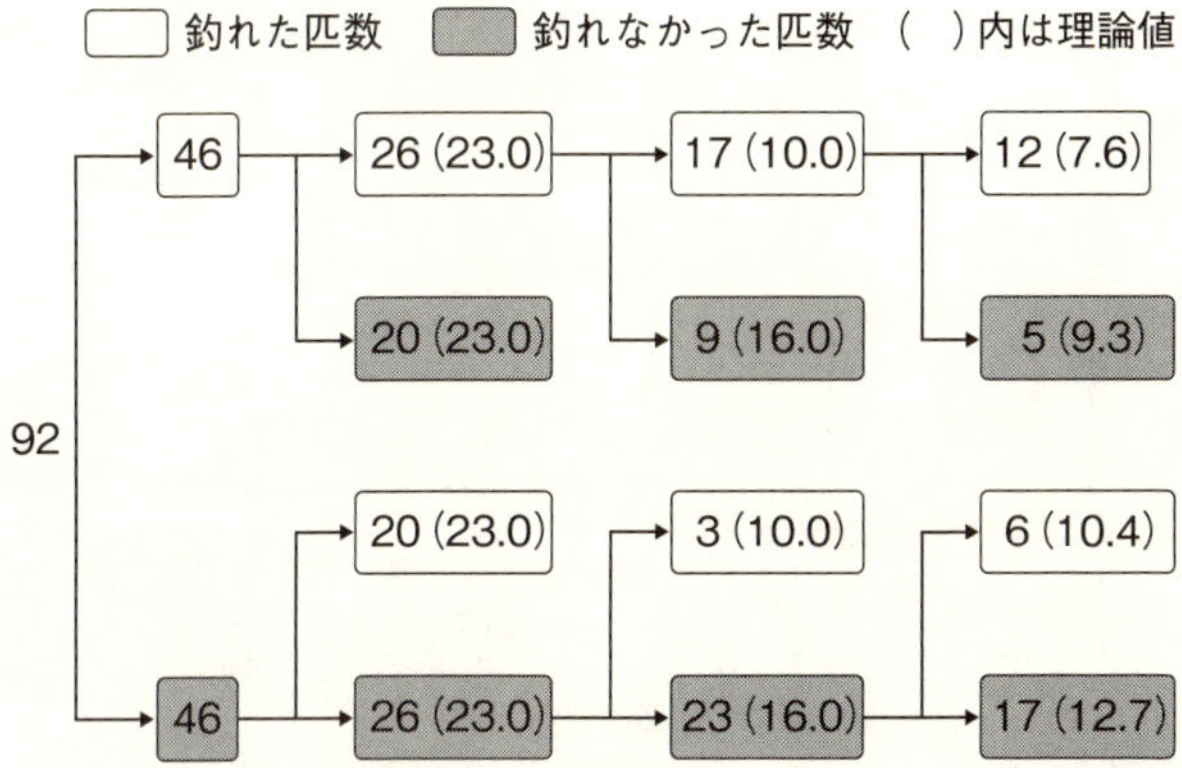

図6-3　釣りやすい魚と釣りにくい魚を確認した繰り返し釣り実験の結果（ティラピア）（米山・松岡・川村，1994より）

結論として、どの魚種でも群のなかに釣りにくい魚と釣りやすい魚がいることが確認された。また、一度釣れた後は二度と釣れなくなった魚もあった。釣りにくい魚には、もともと釣れない魚と、一度は釣られるが二回目以降は警戒心が起こって釣れなくなる魚の二種類があることになる。釣りにくい魚ばかり残ると、釣り人には「魚がスレて釣れなくなった」という印象になるのだろう。

関連実験の結果から、釣りにくい魚は警戒心の強い魚であることがわかっている。釣りにくい魚を釣るには魚に警戒心を起こさせないように釣らねばならないが、魚は何を警戒するのだろうか。

釣りにくい魚は餌だけ投げ与えると食いつくが、釣り針に掛けた餌には食いつかないので、ハリスと釣り針の存在を警戒すると思われる。ではなぜハリスと釣り針を警戒するのだろうか。また、魚はなぜスレるのだろうか。釣り落とされた魚がその後釣られにくくなることは、〝魚が針に掛かったときの痛みをハリスに連動させて記憶しているためだ〟という説明がある。しかし、私は魚に痛覚はないと信じているので、この説明を正しいと思っていない。

痛覚がなくても釣り針の忌避を学習するのは、釣り針に掛かったときのショックを学習するのだと私は考えている。ヒトには電気感覚がないが感電すると瞬間的に大きなショックを受ける。魚が針掛かりした瞬間も痛みではなくショックを感じるのだ。

ノーベル賞を受賞した行動生理学者のニコ・ティンバーゲン博士がパーチにトゲウオを食わせた実験では、パーチはトゲウオを食っては吐き出すことを繰り返し、口の中が傷ついて出血しても食いつきをやめなかった。この実験はトゲウオの棘が捕食を防ぐ効果があるかどうかを調べるために行ったもので、パーチをカワカマスに換えた実験でも同様な結果になって、彼は棘に捕食を防ぐ効果がないと結論した。もし魚に痛覚があると、このような実験結果にはならないだろう。

一方、魚に痛覚があると信じている科学者もいて、痛覚を実証したとするエジンバラ大学の研究者たちの論文が二〇〇三年にイギリスの科学雑誌に掲載された。ニジマスの唇に蜂毒を注射したらニジマスは異常な行動をし、鎮痛剤（モルヒネ）を注射したらニジマスの行動が正常になったから、魚に痛覚があると結論したものだ。蜂毒は哺乳類にしか痛みを起こさない毒で、モルヒネの薬理効果は哺乳類の脳の痛み中枢に直接作用するとされるが、魚は痛み中枢をもたない。このように、いくつも疑問がある論文であるので、追試が必要である。

魚の警戒心が経験によって強まったり弱まったりすることがわかったが、経験する前の警戒心はどうだろうか。餌の色に対する好みを調べた実験で（3－5参照）、水槽や生簀に収容された魚はすぐには餌を食わないので、餌付けしてからデータをとった。このとき、餌を食い始めるまでの期間が、魚の警戒心の目安になる。実験に使ったのは漁師が網で獲ったメジナとクロダイで、最初はヒトが近づいただけで警戒して水槽の隅に寄ってしまったが、メジナは九日後には与えた餌をすぐに食べるようになった。一方、クロダイが警戒せずに餌を食べるようになったのは水槽収容から六六日目であった。釣り人の間ではクロダイは警戒心が強い魚だとされているので、餌付け作業をしてくれた附属実験所の技術主任と私は同じ色の作業衣を着て魚を警戒させないようにしたが、クロダイの警戒心の強さには驚いた。

6－3　スレは一年以上持続する

北海道大学水産学部の清水晋准教授らは、サクラマスの釣り針に対する行動を次のように説明している。呑み込んだ釣り針を吐き出した魚は、その後も釣り針の餌に食いつくが次第に食いつき反応が緩慢になって、釣り針を口に入れずに唇を使って餌だけを呑み込むようになった。釣り針の経験によって魚の摂食行動が変わった例といえ、これもスレといってよい。このスレはいつまで持続するのだろうか。スレの持続期間は釣り針経験を記憶している期間といってよいだろう。

スレの研究は一九六〇年代にオランダで始まり、その後欧米各国に広まった。レジャーフィッシングが盛んな欧米では、公園内の有料釣り場である川や湖に放流した魚が釣れないと釣り人から苦情がでる。公園管理者は、釣り人が満足する釣り場を提供するために、釣り餌に対する魚の行動を知る必要があった。

魚のリリースを繰り返すと、スレた魚は釣り餌に来なくなる。釣りにくくなった魚を期間をおいて釣ってみると、スレの持続期間を調べることができる。オランダ海洋研究所のJ．J．ベウメカ博士が調べた例では、コイのスレが持続した期間の最長は一年だった。これは、試験期間が一年という制限があったための記録である。

ベウメカ博士の試験方法の確率計算に不備があったと思われるので、私の研究室の博士課程の院生が独自の方法を用いてクロダイで調べたところ、スレの影響があったと判断された期間は九ヵ月であった。しかし、この実験では標識として鰭《ひれ》に切り込みを入れた部分が再生して最後に釣れた時がわからなくなったので、一二ヵ月後のデータを削除した。正確な標識をしていれば、スレの影響はもっと長い期間になった可能性がある。後述する千葉県水産総合研究センターが行った、オオクチバスの標識放流試験による資源量推定の計算の際、オオクチバスの釣りによるスレが少なくとも一年間持続したことがうかがわれる（6－6参照）。

6－4　釣りにくい性質は遺伝するか

釣りにくい魚だけが残ると、その子孫には強い警戒心の遺伝子が継承されるかもしれない。そうなると、世の中はついに釣りにくい魚だけになってしまうかもしれない。このようなことが起こりうるのだろうか。

この疑問を解くために、私の研究室の院生に釣られにくい性質が遺伝するかどうか調べてもらった。実験に使った魚は釣りやすいティラピア・ニロチカと釣りにくいティラピア・モザンビカおよびその二種の雑種である。鹿児島県指宿市内を流れる川にはこの二種の雑種が棲息していて、投網で獲って釣り試験に使った。雑種個体にニロチカの遺伝子が多ければ釣りやすく、モザンビカの遺伝子が多ければ釣りにくい、ということがあるか否かを調べたのである。

その結果、雑種がもっているニロチカとモザンビカの遺伝子数は個体によってちがっていて、釣り実験の結果ではニロチカの遺伝子が多い個体は釣りやすいということはなく、モザンビカの遺伝子が多い個体は釣りにくいということもなかった。種によって釣りやすさがちがうのは魚の遺伝的な要因によるが、警戒心が強い親から釣りやすい警戒心の弱い子孫が生まれることもある。釣り漁業も遊漁も成り立たなくなることはなさそうだ。

6-5　釣りにくい魚を人工的につくる

現在、全国各地で放流されている稚魚は、海ではサケ、ヒラメ、ホシガレイ、マコガレイ、マツカワ、マダイ、クロダイ、アカアマダイ、サワラ、カサゴ、オニオコゼ、メバル、ムラソイ、クロソイ、スズキ、イサキ、ベラ、クエ、トラフグ、ニシンである。川ではフナ、コイ、アユ、ウグイ、ニジマス、アメマス、キザキマス、カワマス、ヒメマス、イワナ、ヤマメ、アマゴ、イトウ、ウナギ、ゴリ、カジカと、多彩である。

放流の目的は資源保全や観光釣り用である。資源保全・増殖を目的とした稚魚放流では、放流直後から稚魚が釣られることが問題になっている。この問題に対し、魚のスレを研究していた大学院生の米山兼二郎君が、スレた魚を人工的につくりたいと言い出した。スレた稚魚は、放流後しばらく釣られにくいので釣り人から保護され、成長してスレの記憶が消失すると釣れ始めるので資源保全に好都合だという考えである。

稚魚にスレを記憶させるのは、学習していない記憶を植え付けるということである。つまり学習した個体の記憶を非学習個体に転写することを意味する。そんなことができるのかと思う方もおられるだろうが、転写できたという研究が一九六〇年代に最初はプラナリアで、ついでマウスやサケで発表された。

　プラナリアはきれいな川や池なら日本中どこでもいる生物で、非常に再生力が強い。例えば三個に切断されても死なずに、それぞれの断片が再生して三匹の完全な個体になる。発表された研究は、電場を避けることを学習させたプラナリアの断片を学習していない個体に食わせたら、学習行動が転写したという結果である。だが、〝記憶は食い物か？〟と嘲笑されてしまった。

　また、マウスとサケの実験は、学習個体の脳のＲＮＡ（リボ核酸）を学習していない個体に注射して学習行動を転写させたものである。これは、実験結果に再現性がないと批判されて追試がされないままであった。ＲＮＡはタンパク質合成に関わって遺伝情報を伝達する物質で、遺伝情報は物質であることに疑念はないが、学習情報に物質が関わることに反論が多い。それでも米山君が自分で試してみたいというので、研究室のみなが応援することになった。

　養殖ニジマスに釣り針を経験させてスレた魚をつくり、その脳から抽出したＲＮＡを釣り針未経験のスレていないニジマスに注射した。その後、実際に釣りにくい魚になるか否かを釣って確認した。ＲＮＡを注射したニジマスとスレていないニジマスを混ぜた釣り実験では、ＲＮＡを注射したニジマスは明らかに釣りにくかった（図６－４）。スレが転写したとしか考えられない。同じ実験を他の六群について繰り返した結果でも、スレが転写したと考えられ釣りにくかった。

　研究は目的を達して成功したが、数万匹の釣りにくい放流魚をつくるにはこの方法は経費と時

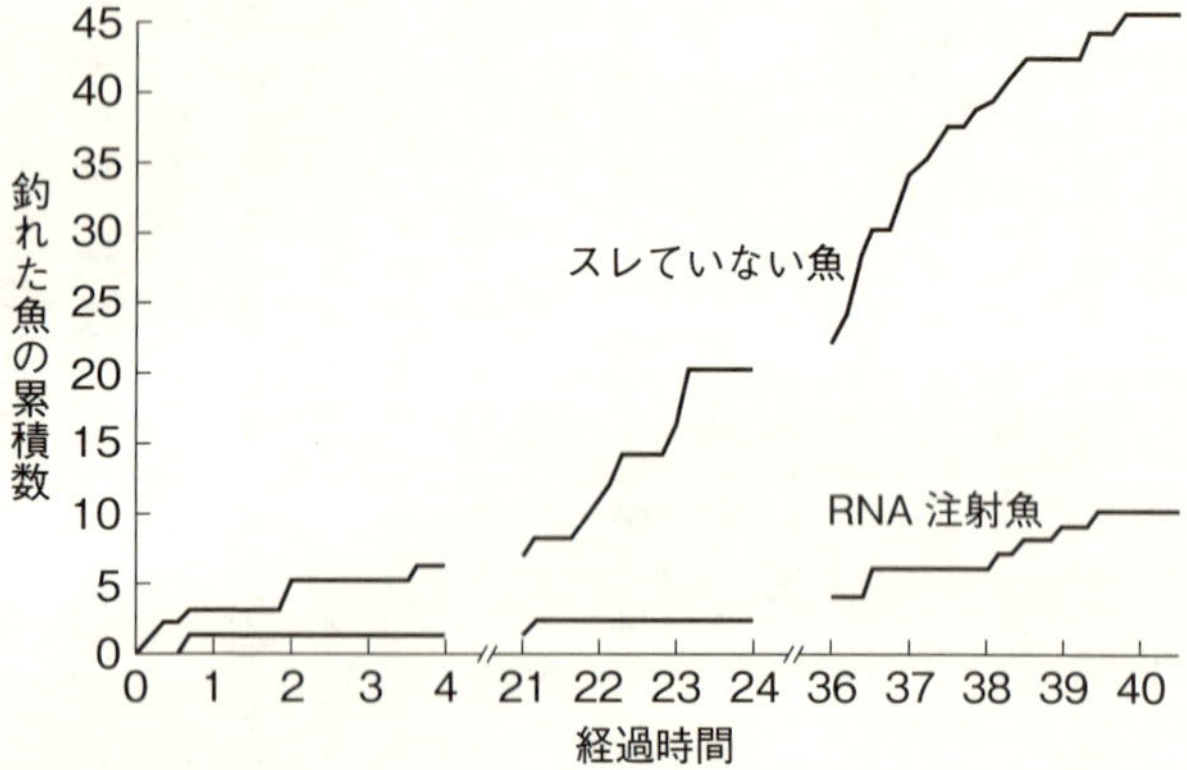

図6-4　RNAを注射した魚とスレていない魚の釣り実験結果（ニジマス）
（米山・川村・堀切，2008より）

間がかかりすぎて現実的でない。今の段階では、放流後の稚魚保護を釣り人にお願いするしか適当な方法がない。

観光釣り用の放流では少し事情がちがう。岐阜県のいくつもの漁協が、卵から大きく育てたアマゴとヤマメを釣り人のために渓流に放流している。稚魚放流では釣り人の満足を得られないので、大きく育てて放流しているのである。岐阜県河川環境研究所が宮川支流の稲越川で行った調査では、放流されたヤマメの七四パーセントとニジマスの九〇パーセントが放流当日に釣られていた。これでは、放流を待って直ちに釣り始めた人だけは満足するが、翌日以降に来た釣り人は満足できないにちがいない。できるだけ多くの釣り人に満足してもらうためには、少し釣られにくくしてから放流して、しばらく渓流に放流魚がいる状態をつくる方法もあってよいだろう。

「水中に電気を通じてする方法による採捕」を電戟漁法といって、日本だけでなく全世界で禁止されている淡水域の漁法である。一度電戟を受けた魚はその後しばらく釣れなくなるという理由で、欧米の釣り人は電戟漁法の密漁を非常に嫌う。この理由が本当ならば、魚を電戟してから放流すると、渓流の放流魚をしばらく釣りから保護できるであろう。

6－6　スレが資源量推定を不正確にする

釣り針を経験した魚はスレてその後釣りにくくなって、スレが一年にも及ぶことがわかった。そのようなスレは網具でも起こることが知られている。網具から逃れた魚はその後も網具から巧みに逃れるようになるらしい。このようなスレた魚がいることは魚の資源量の推定に都合が悪い。

ある一定の水域に魚がどれだけいるかを調べる手法の一つに、ピーターセンの方法がある。これは、獲った魚に標識をして放流し、後日それが再捕された数をもとに全体の魚の数を計算するのである。

碁石を例にして計算してみよう。「白い碁石が入った容器に黒い碁石を一〇個入れる。容器の碁石をよくかき混ぜてから目隠しして一〇個の碁石を取ると、その中に黒い碁石が二個あった。白い碁石は全部でいくつあるだろうか」という問題である。白い碁石をn個とすると、容器の中の白と黒の碁石の合計数はn＋一〇個で、白と黒の碁石の割合はn：10である。その割合は容器から取り出した白と黒の割合8：2と同じだと考えるのでn：10＝8：2という関係が成り立つ。この関係からnを計算すると白い碁石は四〇個となる。次に、容器から取り出した白と黒の碁石の比率が9：1とするとn：10＝9：1という関係になって、n＝90になる。

この計算を白の碁石を池の魚、黒の碁石を標識魚として考えてみよう。標識（タグ）をつけて放流（リリース）することを釣り人の間ではタグ＆リリースといっている。碁石の計算と同様にして魚の数を推定したとき、標識魚がスレていない場合と、標識魚がスレのために釣りにくくなってしまっている場合では、後者の方が魚の数を多く推定してしまう。

ピーターセンの方法には二つの前提が必要になる。一つは標識魚と標識されていない魚が均等に混じっているという前提で、二つ目は標識魚と標識されていない魚が同じ確率で捕獲されるという前提である。標識魚がスレて捕獲されにくいと二つ目の前提が成り立たなくなる。

ピーターセンの方法で千葉県亀山湖のオオクチバスの資源量を計算した例をみてみよう。釣った魚を使って千葉県水産総合研究センターが行った実験結果で、三年間に標識放流した一〇〇〇匹のうち六〇匹が再捕され、このデータから推定した数は一五〇〇～一万二〇〇〇匹であった。ずいぶん幅がある推定数だと感じるであろうが、資源量推定とはこのようなものである。しかし、この実験で興味深いのは、標識魚が放流された年にほとんど再捕されず、放流後二年目以降に再捕されたことである。一年以上に及ぶ魚のスレの影響があったとすると、スレが資源量推定に及ぼす影響は深刻である。今のところスレの影響を量的に数字で知ることができないので、スレを無視して資源量を推定している。

亀山湖には、オオクチバス釣りを目的に訪れる遊漁者は年間一万七〇〇〇人（平成一七年度）である。これだけの数の釣り人に一五〇〇～一万二〇〇〇匹のオオクチバスが狙われたら、亀山湖のオオクチバスはほとんど釣り針を経験していることになり、釣られにくいということになるだろう。亀山湖は自作のルアーでオオクチバス釣りに挑戦するよい釣り場であるようだ。

7章　釣り具と仕掛け

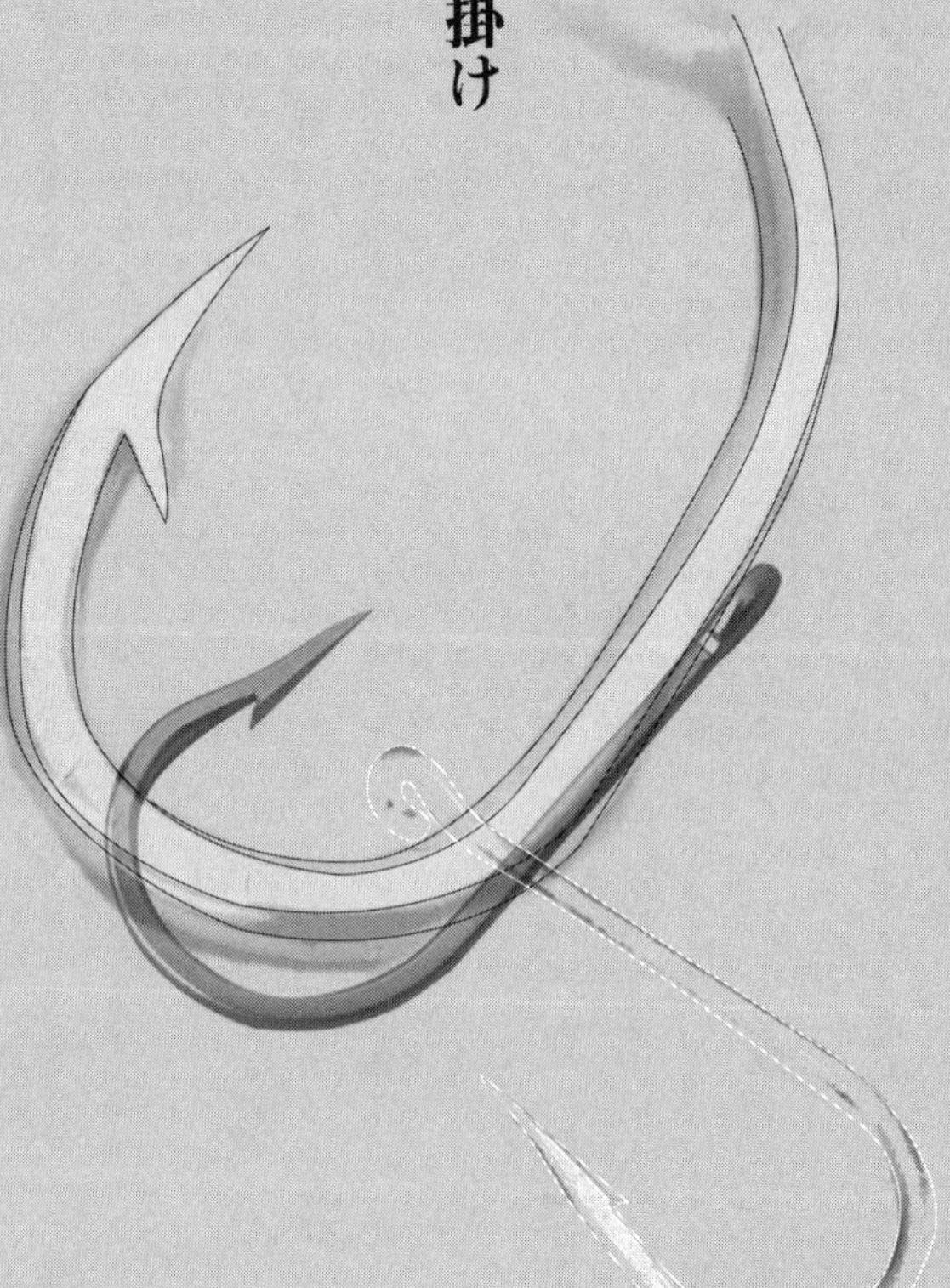

釣り具店がなかった時代には、釣り人はなんでも自分でつくる〝なんでも屋〟であった。今日の釣り人は、その時代の先達者たちに比べて遥かに有利な立場にあり、より軽く丈夫で長持ちし、より用途の広い釣り道具を選択的に使うことができる。さらに、新しい改良を取り入れた方法や、新しい技法も意のままに用いることができる。

釣り具の主な進歩を挙げてみよう。グラスファイバー（ガラス繊維）製からカーボンファイバー（炭素繊維）製の竿への発達、安価で長持ちする合成糸の普及、最新のエレクトロニクス技術を使用した高感度で比較的安価な魚群探知機。ここではそれらについて考えてみよう。

7−1　釣り竿の基礎知識

漁業の神様である恵比寿様は一本の釣り竿をもってタイを抱えている。釣りの象徴的な道具が竿なのである。絵や彫刻を見ると、恵比寿様のもっている竿は一本の竹でできている延べ竿のようで、竿は竹というのが定番であったのだろう。東京の小平市の美術館に展示している恵比寿様の彫刻は、本体は木であるが竿は竹を使っていた。竿も木でつくらない理由を学芸員に聞くと、竹は木より劣化しにくく、その質は数百年変わらないということであった。

竹は繊維が竿の長さの方向に並行で、魚信が手元に伝わりやすい。また、先がしなやかで釣り糸に掛かる魚の引きによるテンションの吸収に優れている。昭和の初め頃に出始めた六角竿は、

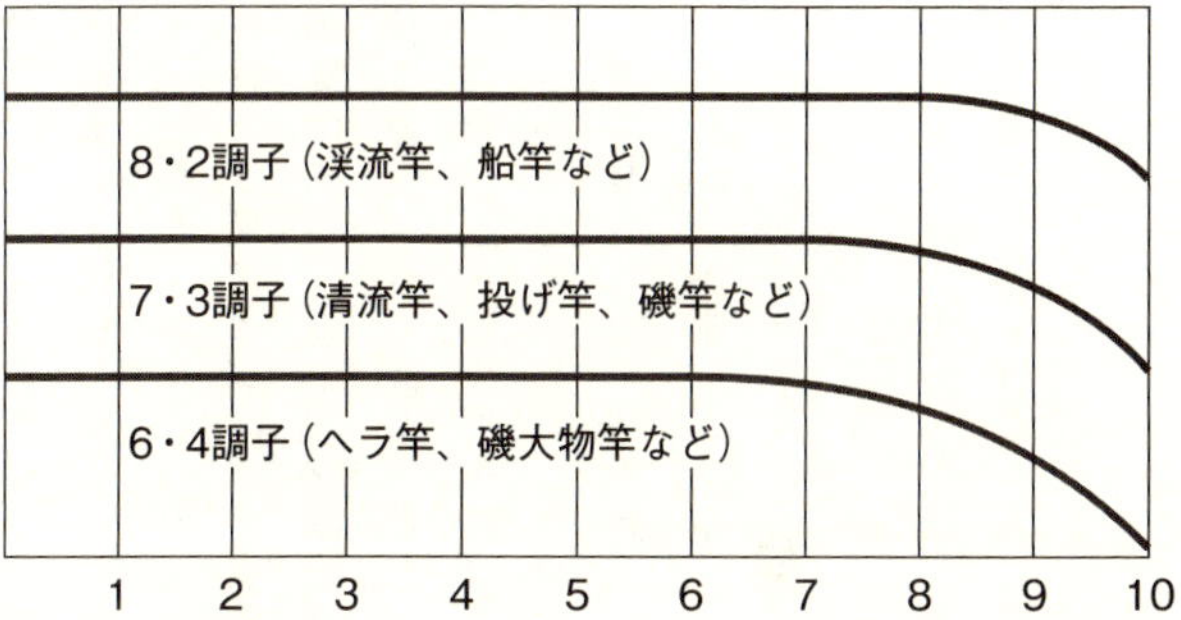

図7-1　釣り竿の調子

竹の皮に近い部分を正三角形に割ってその六本を接着剤で張り合わせてつくった、伝統工芸品のような竿である。現在はカーボンロッドかグラスロッドが主流になり、伝統工芸品のような竹竿をつくる職人は減ったし、継ぎ竿をつくる職人も少なくなった。だが、竹竿はヘラブナ釣りに欠かせない竿であり、他の釣りでも竹竿に固執する釣り人は多い。

竹は強靱で先がしなやかであるという、釣り竿に要求される条件を備えている。しかし、天然の材質であるので、一本ずつ竿の弾力性がちがっている。そのために調子を知っておく必要がある。

竿の調子とは竿の弾力性を数字で示したもので、竿の先に加重を与えたときの曲がり具合をいう。竿の全長を一〇等分して、先端の2だけ曲がる竿を8・2調子（先調子）と呼び、4だけ曲がる竿を6・4調子（胴調子）と呼んでいる（図7－1）。竿がしなやかすぎると魚信が竿に吸収されて手元に届きにくくなり、硬すぎると食い込みが悪くなる。渓流釣りではアタリに素早く合わせやすい硬調子が好まれる。ただし軟調子の竿の方が軽いという長所がある。最近のカーボンロッドやグラスロッドは、全体がほどよく曲がるようにつくられていて、使いやすい竿になっている。

カーボンロッドは、プラスチックにカーボン繊維を樹脂で貼り付けた繊維強化プラスチック製の竿である。カーボン繊維はアクリル繊維やピッチ繊維（石油・石炭などの副産物）といった有機繊維を何度も高温で蒸し焼きにして、炭素以外の元素を離脱させてつくった繊維のことだ。この技術は進藤昭男博士の発見を基礎にした日本の技術である。プラスチックは軽量であるが、しなやかさに欠ける。しなやかなカーボン繊維を強化材として高圧をかけて一体にした複合材がカーボン繊維強化プラスチックである。

カーボン繊維は、比重が鉄の四分の一、曲がりに対する強さは鉄の一〇倍で、強くて軽い。九メートルのアユ竿はかつては六〇〇グラムだったものが、今では二〇〇グラム以下になった。しかし、カーボン繊維の繊維強化プラスチックは、強い衝撃を受けると繊維が樹脂から剝離するので衝撃に弱いという欠点がある。竿の部分的修理はできないので、全体の交換しかない。また、炭素繊維を一キロつくるのに炭酸ガスが二〇キロ排出されるという問題も残っている。

グラスロッドは、しなやかさに欠けるプラスチックを、ガラス繊維で補強した繊維強化プラスチックの竿である。ガラス繊維は、一般のアルカリガラスだと劣化による硬度低下が大きいので、石英ガラスなどの無アルカリガラスを溶かして牽引してつくる。衝撃に強く、曲げに対する強さはカーボンロッドと変わらない。しかし、経年劣化が生じて、三～五年程度で破損することがあるのが欠点である。

カーボンロッドもグラスロッドも薬品に溶けず、加熱しても溶けないので、リサイクルや廃棄処理が難しい。そのため埋め立てられているのが現状である。

竿を使うことによって釣り針を遠くに投げ入れることが可能である。しかし、〝下手の長竿〟という諺があるように、他の人よりむやみに遠くまで投げればよく釣れるというわけではない。一般的な市販の竿は二～六メートルまでさまざまな長さがあり、例えば、四・五メートルの標準的な竿を使った場合、仕掛け部分の糸が竿と同じ長さとすれば、竿を振って仕掛けを投入すると約九メートル先の水面に餌が落ちる。ところが、六メートルの長い竿を使うと振りにくいので、提灯をぶら下げるように水面に仕掛けを下ろすことになり、六メートル先にしか餌が入らない。どのくらいの長さを操れるかは、個人の体力や技術によってもちがう。竿は自分に合った長さを選ぶことが肝要である。

ウキ釣りの場合は、ウキのつけ方で竿の長さを変える。糸にウキゴムを介してウキを取り付ける固定仕掛けでは、竿の長さ以上に糸を出せないので、長めの竿が望ましい。一方、ウキが動くように道糸に環を通してすべるようにした仕掛けでは、竿の長さ以上の深さや一〇メートル沖くらいまでを狙うことができるので、振り回しやすい短い竿を使う。

竿を購入するときには、釣り具店で竿を握ってみた感触と重さ、さらに値段を考慮して決める。高ければよいというわけではない。竿はそれぞれの使用目的にそってつくられていて、一本の竿でどんな魚でも釣ることができるわけではないが、初心者が最初から数本の竿をもつ必要はない。

7－2　証明されたC型釣り針の優秀性

釣り針は人類最古の道具の一つといわれる。現在の釣り針の基本形はJ型で（図7－2）、先端のアグと呼ばれる（かえしとも呼ばれる）針先と逆の方向に尖った部分は、餌が外れたり針が魚の口から外れるのを防いでいる。

釣り針の形と大きさは非常に多彩で、これらの原形はすでに新石器時代の骨製や角製の釣り針にみることができる。骨や角は水に浸けると柔らかくなって簡単に削れるので、誰でもつくれたにちがいない。となると、五〇〇〇年間続いた新石器時代に次々と改良が加えられたはずで、このときに現在の釣り針の原形ができたのであろう。その後の釣り針の発達は形の変化ではなく材料の変化であった。

現在の釣り針の材料は鉄が主流だが、オセアニアの島嶼《とうしょ》ではいまだに動物の角製の釣り針が使われている。パプアニューギニアに漁業調査に行ったときに、漁師たちに鉄製の釣り針を使わない理由を聞いてみた。彼らによると、鉄製の釣り針よりも彼らの釣り針の方がよく釣れるのだそうだ。彼らの釣り針の形は針先が極端に内側を向いたC型（図7－2）で、私には掛かりがいい針とは思えなかった。彼らが釣るマグロは口が硬く、角製の釣り針では口に掛かりにくいだろうと思ったが、彼らは私の考えを笑って否定した。私のそばにあった、小舟をつくる道具である石製の釿《ちような》を借りて木を削ってみると、意外によく削れた。角製や石製の刃先は私が思っていたよりも鋭い。

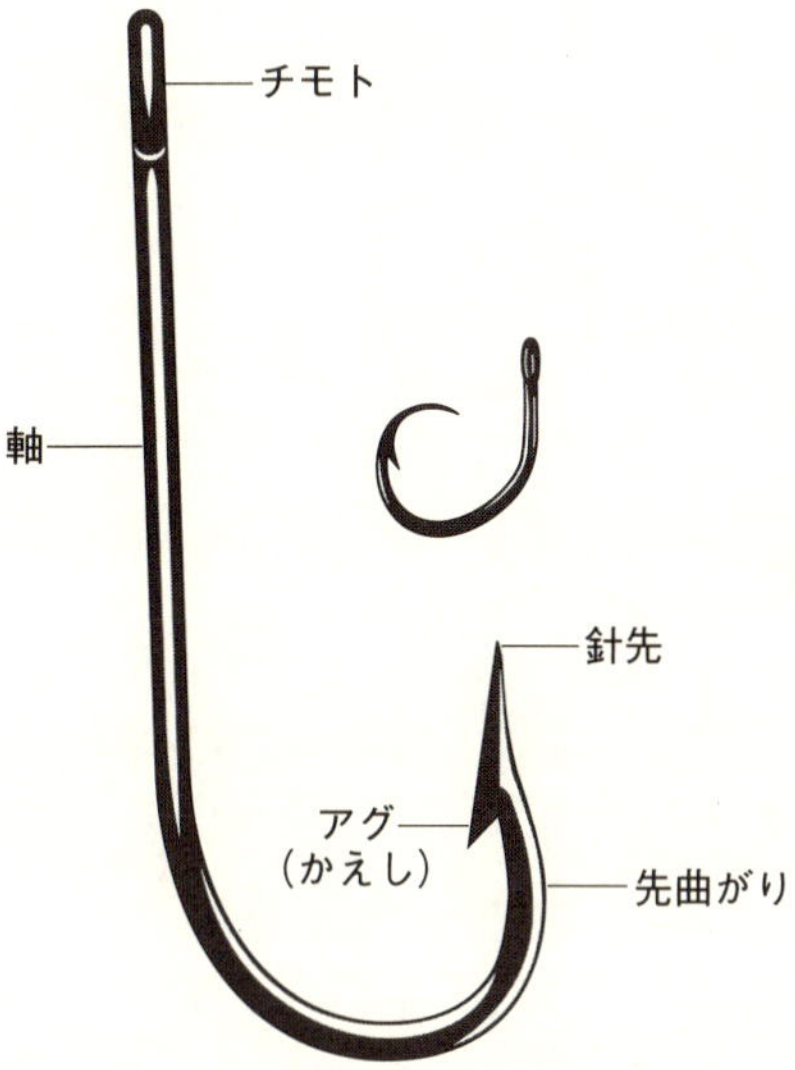

図7-2　J型（大）とC型（小）の釣り針

C型の釣り針は、最近注目されている。釣ってリリースする魚に、回復不可能な損傷を与えないからである。世界中で開発研究が行われ、サークル針と呼ばれるC型針（図7－2）が顎や唇への針掛かりがよく、奥深く呑み込まれない、さらに釣獲率がよいという結論になった。この結論を導いた研究プロジェクト

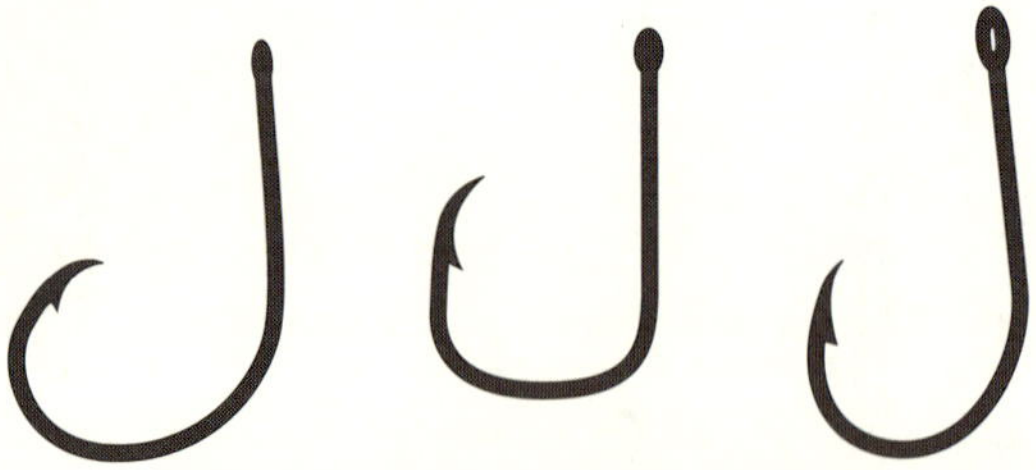

図7−3　実験に使ったC型針（左）、タイ縄針（中）、J型針（右）

は、ニュージーランドのオークランド大学の研究者たちやポール・D・L・バーンズら民間からの技術者で構成された。ニュージーランド水産省に提出された研究報告書の内容をインターネット（http://www.fishingkites.co.nz/fish_hooks/fish-hooks-comparison.htm）にバーンズらが掲載しているので、その実験データをここに示して、この結論をもう少し詳しく紹介しよう。

実験は延縄で行われた。釣り人のテクニックの影響がないようにするためである。使った針はJ型針、日本のタイ縄針、C型針の三種で（図7−3）、釣った魚は豪州マダイというマダイによく似た種類である。ニュージーランドでは日本のタイ縄針が延縄によく使われている。図7−4は針別に釣れた魚の数を示したもので、C型が最もよく釣れ、J型が最も劣ることがわかる。

ここで、針が喉の奥と鰓《えら》に掛かることを〝呑み込み〟としよう。釣れた魚のうち、呑み込みの割合は、C型針が一三・五パーセント、タイ縄針が二五・八パーセント、J型針が二五・五パーセントで、C型針が針の呑み込みが少なかった。

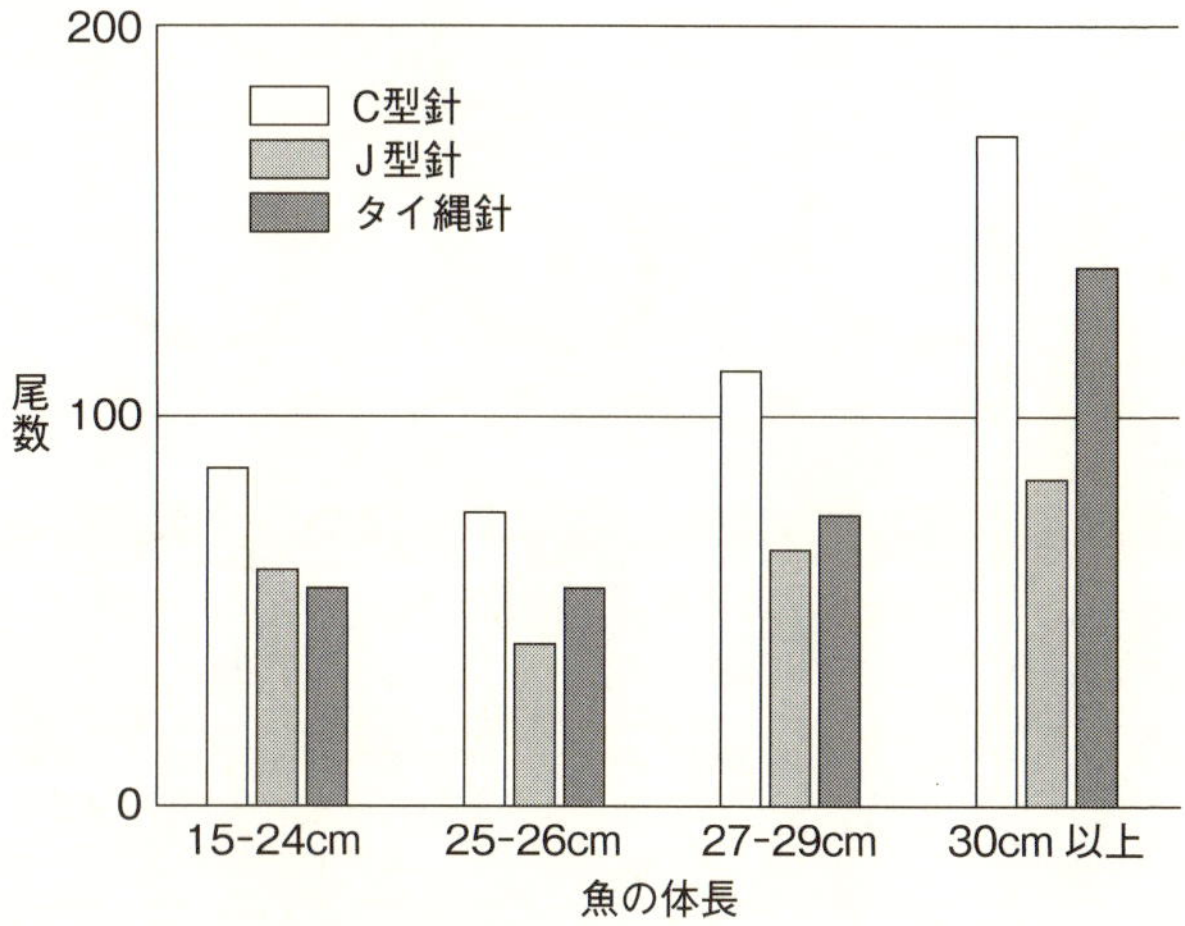

図7-4　釣り針別釣獲尾数の比較

C型針は釣果がよくて、呑み込みが少ない。できれば呑み込みをもっと減らしたい。そこで呑み込みを防ぐために、針に異物感を与えることにする。針に図7－5のような異物（付属肢）を取り付けてみた。その結果、呑み込みがC型針では四六七匹中一匹（〇・二パーセント）、J型針が一八七匹中一匹（〇・五パーセント）と、劇的に減った。ほぼ完全に呑み込みを防ぐ釣り針が開発されたのである。この付属肢つきの釣り針は考案者の名をとってバーンズ・フックと呼ばれている。

これは、パプアニューギニアの漁師たちが使っているC型針の優秀性が、科学的に証明されたことを意味する。現在、アメリカの釣り人たちは急速に釣り針をJ型からC型に変えつつある。

図7-5　釣り針への付属肢の取り付け方、右が完成品

私はパプアニューギニアの漁師たちが鉄製の釣り針を使わないことに興味をもっている。かつて、鹿児島県の漁師たちは鉄製の釣り針を嫌って金製の釣り針を使っていた。歯に被せた金を釣り針に加工して使っていたのである。古い金歯の材料は金・銀・パラジウムの合金で、鉄を含んでいない。パプアニューギニアの角製の釣り針と金製の釣り針の共通点は鉄を含まないことであり、これが釣果がよい理由だと私は考えている。つまり、鉄が磁化して魚に好ましくない釣り針になっているのではないか、ということだ。

私は魚の磁気感覚を研究していて、人工磁気が魚の行動に及ぼす影響に興味をもっている。魚の磁気感覚はきわめて敏感で、地磁気が八パーセント変化しただけで感知できる。魚の磁気感覚器は鼻の周辺にあり、シラスウナギでは前鼻孔と上唇の間にある（図7－6の左端の円内）。釣り針が磁化していれば、食いつこうとしたときに魚は釣り針の磁気を感じるだろう。実際に釣り針が磁化しているかどうか、同僚の西隆昭准教授に、メーカーが異なる四種の釣り針の磁気を測定してもらったところ、どの釣り針も強く磁気を帯びていて、磁気の強さは研究室の地磁気の二～七倍であった。

人工磁気のエネルギーは磁気物質から離れると急に減少するので、魚は釣り針のごく近くでないと磁気を感じない。魚は、釣り針がついていない餌には食いつくが、釣り針についた餌には近くまで接近するが警戒して食いつかない、という摂食行動を起こす。これは、釣り針の磁気を嫌っているように見える。魚が釣り針の磁気を嫌うというのはまだ仮説であり確証はないが、磁化しない非鉄金属でつくった釣り針で、仮説を検証してみたいと思っている。

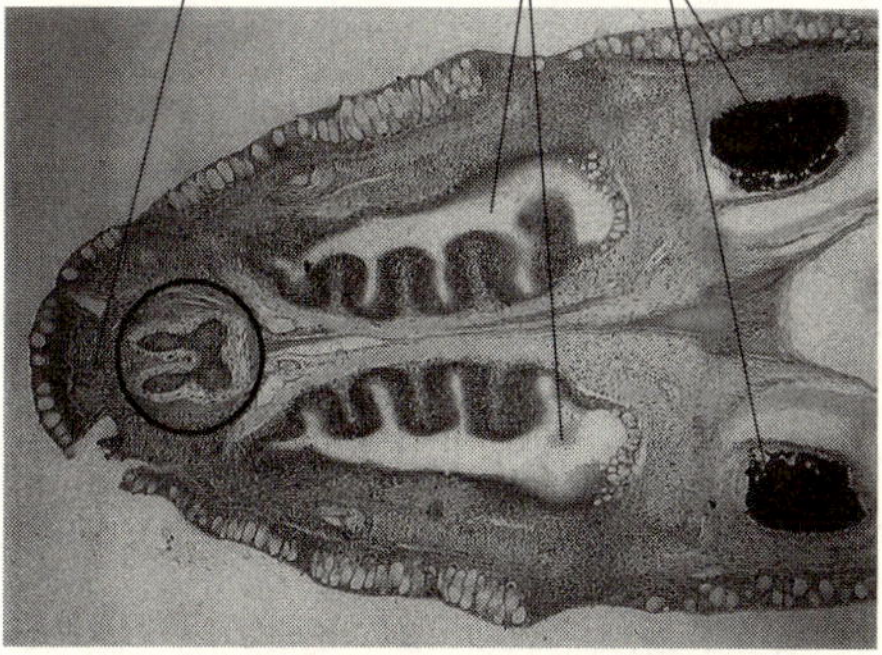

図7-6　シラスウナギの頭部の水平断面（左端の円内が磁気感覚器）

ところで、C型の釣り針は有効であるが、歯が鋭い魚にはJ型の軸の長い針でなければならない。イシダイやカワハギは工具のニッパーのような歯をもっていて、ハリスを切ってしまうからである。

ちなみに、これらの魚の歯はウニの殻もバリバリ砕けるほど丈夫であるが、堅い物をかじると欠けることがある。しかし、歯が欠けたり古い歯が抜け落ちるとどんどん新しい歯が生えるので、歯医者の必要はない。サメの類では顎の外側から内側に向かって、多い種類では一〇列以上の歯が並んでいて、外側の歯が抜けると順次内側の歯が外側に押し出される。さらに最内列の歯の内部の皮膚の中に新しい歯の芽が常に用意されている。釣り針の選択には釣りたい魚の歯の形と強さも考慮したい。

なお、釣り針がヒトの皮膚に刺さるとアグがあるのでやっかいである。無理に引き抜こうとすると大きな傷になるので、逆に先端を皮膚から突き出るように押し込んで、先端部をペンチなどで除去してから抜くとよい。

7-3　釣り糸の材質的特徴

釣り竿側についている太めの糸を道糸、釣り針につけている細めの糸をハリスという。釣り糸は細くて見えにくいことと、引っ張りに強いことが求められ、この条件を満たす材料の開発が続けられてきた。現在の釣り糸の材料はナイロン、フロロカーボン（ポリフッ化ビニリデン）、ポリエチレン（PE）があり、それぞれ異なる材質的特徴をもっている。その他マグロやオヒョウなどの大型魚の釣りでは、道糸もハリスも金属が使われている。鋭い歯をもつイシダイやイシガキダイなどの釣りでも、ハリスに金属が使われる。

ナイロン糸は釣り糸で最も一般的なもので、適度な伸びとしなやかさがあって糸ぐせがつきにくい。伸び（二〇パーセント程度）が大きく魚のアタリがわかりにくいので、この伸びを考えてアタリに合わせなければならない。また、吸水性があるので、使い続けると強度が落ちてくる。

フロロカーボン糸は比重が大きいので速く沈む。擦れに強く伸びが少ないので魚のアタリの感度がよく、硬めの糸で摩耗に強い。

ポリエチレン糸は細い糸を何本も撚《よ》ってつくられた撚り糸で、引っ張り強度はナイロンの二・五倍。ほとんど伸びないので魚のアタリの感度に優れている。金属製の糸と変わらない強さがあり、歯が強い魚に適しているが、撚り糸の特徴として摩耗に非常に弱い。

釣り糸の太さは号で示され、号数が小さいほど細い（表7－1）。太さを示すのだから単位をミリにすればよさそうだが、柔らかくて細い糸の直径を測るのは困難であるという理由で、九〇〇〇メートルの糸の重さをグラムで表した単位をデニールといって、二二〇〇デニールを一号とし

号数	直径mm
0.1	0.053
0.2	0.074
0.3	0.090
0.4	0.104
0.5	0.117
0.6	0.128
0.8	0.148
1.0	0.165
1.2	0.185
1.5	0.205
2.0	0.235
2.5	0.260
3.0	0.285
3.5	0.310
4.0	0.330
5.0	0.370
6.0	0.405
7.0	0.435
8.0	0.470
10.0	0.520

社団法人日本釣用品工業会標準規格

表7-1　ナイロン糸の号数と直径の関係

ている。デニールはフランス語の貨幣 denier に由来する単位で、材質の比重と号がわかれば太さは次式で計算できる。

直径 = $0.176\times\sqrt{号／比重}$

例えば、ナイロン糸（比重が一・一四）の〇・二号の太さは、（0.2/1.14）の平方根値に〇・一七六をかけた値であり、〇・〇七四ミリである。また、比重〇・九五の水よりも軽いポリエチレンでは、〇・二号の糸の太さは〇・〇八一ミリで、材料の比重によって太さの表示がちがうことがわかる。表7－1に示したのはナイロン糸の例である。参考までにフロロカーボンの比重は一・七八である。

ナイロン糸は、かつては細いものは〇・六号くらいだったものが〇・二号まで細くなった。金属糸では太さ〇・〇〇六五ミリというかつては予想もできなかったものが出現した。釣り糸が細いほど魚に見えにくくなり、見えにくい糸は魚に警戒心を与えないと信じられてきた開発の結果である。

糸の引っ張り強さは、引っ張り試験機という機械に糸の両端を結びつけて片方を毎秒一〇センチくらいの低速でゆっくり引っ張って、糸が切れたときの張力（グラム）をデニール数で割った値で示す。

金属糸はクモの糸の太さ（〇・〇〇五ミリ）に近づいてきた。クモの糸はしなやかさと丈夫さには定評がある。クモの糸は一・四倍伸び、切れるときの引っ張る力（破断力）はナイロン糸と同じで、変形したときにもとに戻る力（弾性力）はナイロンの約二倍。この強さは摂氏マイナス四〇度でも保たれる。クモの糸の強さを示すものとして、「クモの糸で、飛んでいる一八〇トンのボーイング七四七を止めることができる」という計算結果がインターネットに掲載され、話題になった。しかし、それを実現するには、もっとも強靱な糸を出すジョロウグモでも三〇億匹必要で、オニグモだと一兆四千億匹必要である。非現実的な計算に思えるが、クモの糸を量産できれば可能かもしれない。クモの糸は絹と同じようにタンパク質でできた繊維なので、このタンパク質を作る遺伝子を他の生物に組み込むと量産が可能なはずである。クモの糸のタンパク質を量産する技術開発研究が各国で行われ、ついに二〇一〇年、韓国の国立大学（ＫＡＩＳＴ）で大腸菌を使って作ることに成功した。このタンパク質で作った糸が近い将来釣り糸として登場するにちがいない。

さらに細い糸の開発研究がされている。それがナノファイバーといわれる糸で、すでに一〇〇万分の一ミリの太さの糸をつくることが可能になっている。インフルエンザウイルス（電子顕微鏡でなければ見えない大きさ）が一万分の一ミリの大きさであるので、ナノファイバーがいかに細いか想像できるであろう。ただし、ナノファイバー技術が釣り糸に応用される見通しはまだない。

7-4　釣り糸が細ければ本当に魚に見えにくいのか

ところで、糸が細ければ本当に魚に見えにくいのだろうか。

釣り糸がどれだけ細くなれば魚に見えなくなるか、この質問に答えるのは難しい。細ければ細いほど見えにくくなるはずだが、細くてもハリスが光を反射して光るとよく見えるようになり、見えやすさは光の条件次第ということになる。それならば、一個の視細胞の大きさと感度がわかれば糸が見えるかどうかは計算でわかるだろう。そう考えて、人間がどの程度の明るさの星を見ることができるかを、視細胞の大きさと感度から計算した例があるが、その計算では星が見えないことになってしまった。実際には我々には星がよく見える。星が見える理由を説明できないのと同じように、釣り糸をどれだけ細くすると魚に見えなくなるかは計算ではわからない。

最近は透明な糸を染色したものが市販されだした。透明な糸に着色すると魚に見えにくくなる、という発想のようだ。水中の糸の色のちがいが、魚にどのように見えるのだろうか。この疑問に魚を使って解答を得ることは難しいので、ヒトの眼で調べた例を紹介しよう。スコットランドの海洋研究所のワードル博士たちが、〇・四ミリの太さの透明なナイロン糸と、それを染色したナイロン糸を水深二五メートルの海中と水槽で観察した実験結果がある。それによると、透明なナイロン糸は横張りにすると光って顕著に見えやすくなるが、染色することによって輝きを減じたり消したりできるという。要約すると次の通りである。
（一）透明なナイロン糸を水中で縦（水面と垂直）に張るとほとんど見えないが、横（水面と平行）あるいは斜めに張ると糸が光って鮮明に見える。縦張りでも結び目だけは宝石のように光って見える。
（二）青に染めた糸は横張りでは輝きがほとんど消えて見えにくく、縦張りでは横張りより見えやすい。
（三）黄と緑のナイロン糸は縦張りでも横張りでも見えにくい。
（四）縦張りでも横張りでも変わらず見えやすいのが黒、赤、濃い緑、濃い青、灰褐色のナイロン糸である。しかし、横張りでは輝くような光がなくなる。
　ワードル博士たちは、透明なナイロン糸が横張りで光って見える理由を光の屈折率、すなわちナイロンと水の屈折率（一・五三と一・三三）の比率と、ナイロンと空気の光屈

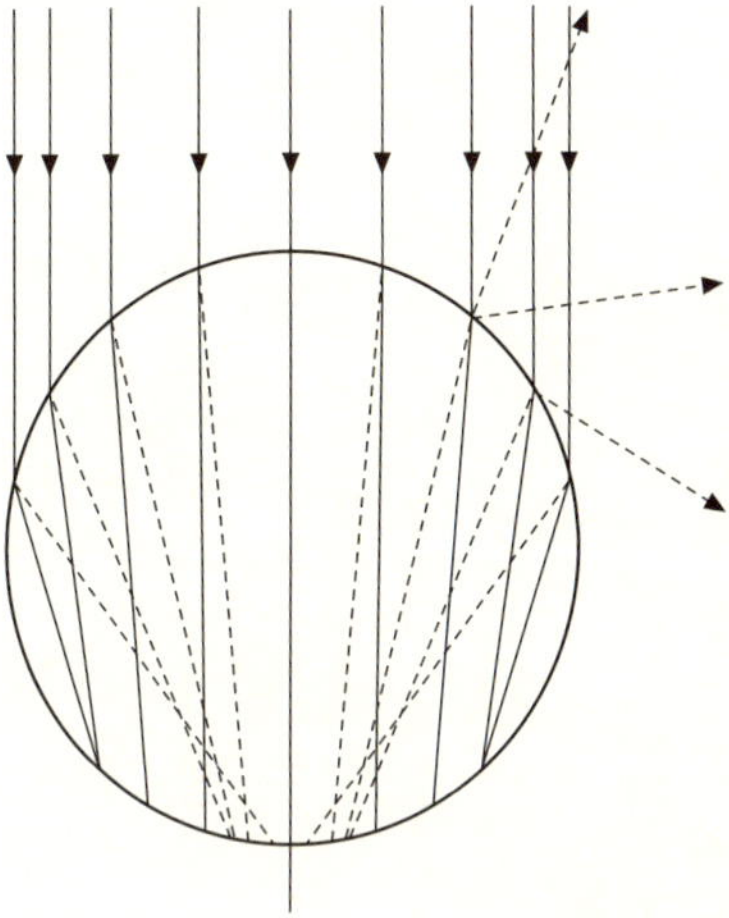

図7-7　ナイロン糸に入射した光の水中（実線）と空中（破線）の屈折の断面図（Wardle ら，1991 より）

折率（一・五三と一・〇）の比率のちがいで説明している。光が屈折する様子を、横張りのナイロン糸の断面で考えると図7－7のようになって、屈折の大きい空中（破線）では屈折光が底部中央に収束するが、屈折が小さい水中（実線）では屈折光が糸の内面に広く当たるため光って見えるという説明である。ダイヤモンドがよく光るのは二・四一七という大きな屈折率のためだと私は考えていたが、ナイロン糸では状況がちがうようだ。ワードル博士たちの説明が正しいならば、屈折率が水の屈折率に近いフロロカーボン糸（屈折率一・四二）を水中で横張りにすると、ナイロン糸より光って見えやすいことになる。

この結果を釣り糸にあてはめると、道糸は縦張りと同じ状態なので透明なナイロン糸は見えにくいが、流れに吹かれて斜めに入る場所では、黄か緑に染色した糸がよいだろう。ハリスは流れに吹かれて横張りの状態になるので、透明なハリスは光って鮮明に見えることになる。透明ナイロン糸を青く染色すると横張り状態でも見えにくくなるので、ハリスは青く染色したナイロン糸がよいだろう。ただし、ここで述べたことは、ヒトが水中のナイロン糸を見た場合である。

そもそも、ハリスが見えにくい方が魚に警戒心を起こさないのでよく釣れるというのは本当だろうか。単なる思い込みなのではないだろうか。ハリスの見えやすさと釣獲について面白い記述がある。マグロ延縄船の船長をしておられた山田重太郎氏の体験談でインターネットに掲載されている。

マグロ延縄ではハリスに相当する部分を餌縄という。このうち針に近い部分を釣元、遠い部分をセキヤマといっている。当時も、セキヤマは細くて、強く、見えにくいナイロンがよいとされていたが、山田氏は地中海のマグロ延縄のセキヤマを白、赤、黒の三種を使って操業し、地中海クロマグロの漁獲量は常に白3：黒1：赤2の割合であったという。それ以来、白いセキヤマの延縄で他の船の二〜三倍の漁獲をあげ続けた。

さらに、他の漁場では、キハダは赤のセキヤマが一番よく、メバチとビンナガは白のセキヤマがよかったと記載されている。この体験談は非常に興味深い。ハリスが見えにくい方がよく釣れるというのは単なる思い込みの可能性があると思わせる。

ハリスが見えると魚が警戒して釣れにくくなるか否か、そろそろ検証するべきだと思う。ハリスにナイロン糸とクレモナ撚り糸を使った延縄試験で、ハマフエフキとオキエソの漁獲数にハリスによる差はみられなかった経験から、私はハリスが見えると魚が警戒して釣れにくくなるとは考えていない。

ハリスの太さはハリスの吹かれに影響し、流れの中の吹かれは意外に大きい。回流水槽（水路に川のような流れをつくる実験水槽）の流れにがま磯九号の針付きハリスを入れたときの吹かれの様子を調べたところ、流れが秒速二〇センチだと〇・四号の細いハリスでもほぼ水平になる。針に餌をつけた場合にはこれより低速でも吹かれが大きくハリスは水平になる。また、水よりも軽いポリエチレン糸のハリスは流れが微速でも水平になりやすい。海の釣り場では流れが完全に止まることは稀であるので、ハリスは常に水平状態になると考えてよいだろう。タナのとり方にはこのハリスの吹かれを考慮しなければならない。

7-5　タナのとり方

タナは魚の遊泳層と説明されるが、私はタナを釣獲層だと考えている。その理由は、マダイの延縄実習で針を海底につけて一匹も釣れずに失敗した経験から、必ずしも遊泳層が釣獲層にならないことを知ったからである。

マダイが海底を這うように泳いでいるのを、私は潜水中によく見かけた。マダイは海底を水平に泳いでいても前下方向（マダイの視軸の方向）にある海底の餌を探しているはずだと私は考えていた。鹿児島湾の漁師はタイ延縄を海底に這わして操業するので、私の考えは正しいと思っていたが、延縄実習の結果は無惨であった。

漁師たちによく聞いてみると、彼らは餌に活きた小型のカニ（フタホシイシガニ）を使っていた。活きたフタホシイシガニは離底して泳ぐ。弱ると着底するが、マダイが釣れるのは離底して泳いでいるときであり、弱って着底すると釣れないのだという。

また、西海区水産研究所の岡田啓介博士によると、マダイが主に食っている種類はエビ・カニ類で、完全に底棲性の腹足類、多毛類、クモヒトデの仲間をほとんど食っていない。となると、視軸は摂食行動と関係ないのかもしれない。

さらに、私が数十回経験があるサバ一本釣りの釣獲層は、魚探でみた遊泳層より常に上であった。

海釣りの一般的なタナのとり方は、まず、海底に針を落としてみることである。このとき、針が根掛かりしないように錘より下に針をつけない。底でアタリがなければ少しずつ針を上げていく。ウキ釣りでは、ウキ止めゴムを下にずらしてウキ下を短くして針を上げていく。この基本は湖沼釣りでも同様である。

魚が積極的に摂食するマヅメ時にはタナは浅くなる傾向があり、また、撒き餌を撒いてもタナは浅くなる。

水底に錘をつけてみて水深を測ってからタナをとり始める。このとき、水深が浅くて底が見えていれば最初のタナをとりやすそうであるが、実はそうは簡単にいかない。水深の目測をいつも浅く誤るのである。その原因は水面の光の屈折のせいである。図7－8は光の屈折によって水中の物が浅く見える物理的な原因を示している。Aに当たって反射した光が実際にはAHPと進んで釣り人の眼に届くのであるが、水面のHで光が屈折するために釣り人にはBHPと光が進んだように見えてしまうために、AとBの差の分だけ浅く見える。この見かけの深さは、水面からの

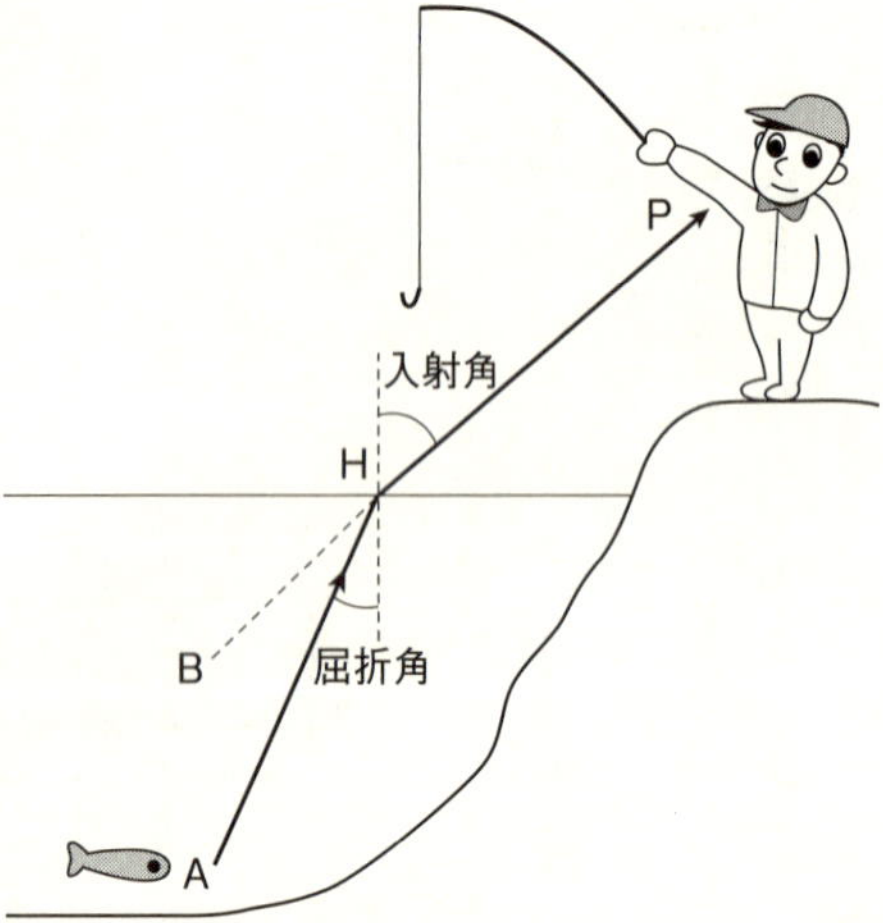

図7-8　水面における光の屈折

眼の高さが低いほど浅く見える。水深を測るには釣り糸を使えば問題はない。

余談になるが、背の低い子供だと問題が起こる。子供には水深が実際よりかなり浅く見えるため、水遊びをしているとついつい深みに入ってしまう。それが事故につながるのである。子供が深みに入ろうとするのは泳ぎに自信があるからでも、遊びに夢中で我を忘れたからでもない。水深を浅く見誤っているからである。子供は深みに入りがちだということを大人が知って、水遊びをしている子供に注意を向けていただきたい。

7-6　魚群探知機の仕組み

魚群探知機（略して魚探）は、水中に発した超音波を使って魚の所在を知り、適切にタナをとるための器械である。ポケットサイズでありながら、ＧＰＳ機能も備えて、釣り場の地図も表示してくれるものまである。ここでは、魚探をどのように使うか、どのような原理になっているかを述べよう。

魚探は、超音波の発振と受振を行う振動子と画像モニターで構成されている。図7－9に示したのがポケットサイズの魚探で、左がモニター、右側の筒状のものが水中に入れる振動子である。モニターが小さく、釣り竿に取り付けることも可能になった。通常の魚探の振動子は固定型で、船底に取り付けられるので釣り人は見ることがない。

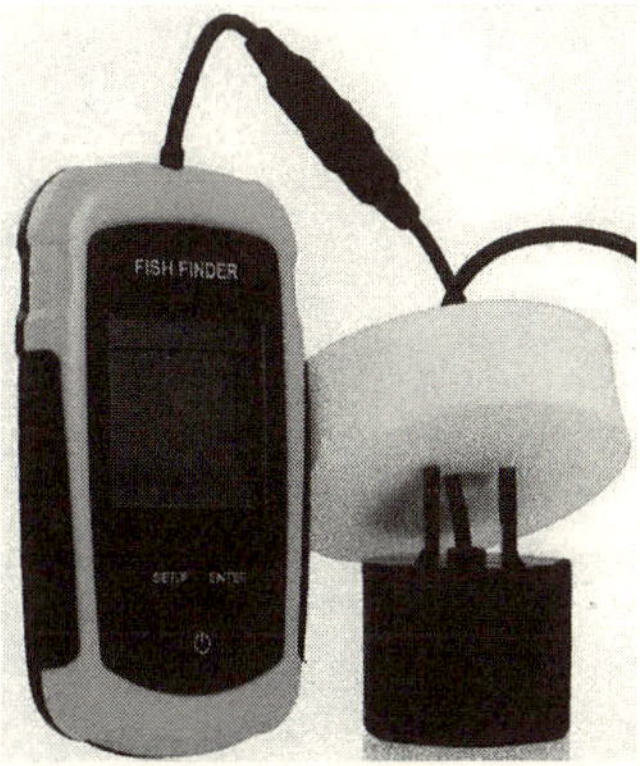

図7-9　ポータブル型魚探のモニター（左）と振動子（右）（Nextagホームページより　http://www.nextag.com/portable-fish-finder/shop-html）

魚探の原理は、発振された超音波が魚や海底で反射してきて受振されるまでの時間を測定して、伝搬の片道の時間を距離に変換してモニターで表示する。水中音波は周波数にかかわらず毎秒約一四五〇メートル（空中音速の約四倍）で伝搬する。例えば、発振から受振までの時間が一秒だとすると、片道は〇・五秒であるので、距離は1450m/2で七二五メートルとなる。モニターではこの距離が水深（モニターの縦軸）として表示される。水深レンジの切り換えによって、底層だけあるいは表層だけの映像

図7-10　固定型カラー液晶魚群探知機（FURUNOホームページより　http://www.furuno.co.jp/product/marine/document/fcv620.pdf）

も見ることができる。

なぜ超音波を利用するかというと、何か物をたたいて振動させれば音を出せるが、我々が聞こえる音（可聴音という）は水中を全方位に拡散伝搬して、反射音を受信してもどこから反射してきたのかわからない。超音波を使うと、ビーム状（円錐状）に音を出せるので、ビーム内の情報を選択的に得ることができるという利点がある。この利点のために超音波が使われている。

モニターの映像は、大きな魚群は大きな像で、反射音が強い濃密な群ほど濃い赤で示される。最新の情報はモニターの一番右側に表示されて、探知情報はそのまま記憶されて画面の左へ左へと移動する。この移動速度は船のスピードとは無関係で、船を後進させても画像の動きは変わらない。船を後進させたときに映像が一時途絶えるのは、スクリューで生じた気泡で超音波が反射されるためで、トラブルではない。

最新型の魚探は魚群像が魚の形で示されて、魚群を識別しやすくなっている（図7－10）。しかし、この表示では、受信音に含まれるはずの反射体の情報が一部省略されて、詳細な情報の解釈ができなくなる。そこで、受信音から得られるはずの情報を得るために必要な基本的な知識を述べたい。

まず、振動子のことを説明しよう。魚探に使われる超音波の周波数は数十キロヘルツから二〇〇キロヘルツである。一〇キロヘルツは、一秒間に一万回振動する音である。このように高い周波数を発生させるには、特殊な方法が必要で、圧電効果という物理的原理を利用している。水晶の板に電気を流すと（電圧をかけるという）水晶に歪みが生じる。電圧を高い周波数で変化させると、水晶に同じ周波数で歪みが生じてその歪みが音を発生する。また逆に、歪みによって水晶に電気的変化が生じる。この現象を圧電効果といって、キュリー兄弟が電気石で発見した現象である。電気石や水晶を圧電体という。魚探の振動子には、圧電体として、高純度な酸化チタンや酸化バリウムなどの粉を高温度で焼き固めた多結晶体の圧電セラミックスが使われている。振動子に組み込まれた一つの圧電体が、発振と受振を交互に行う。

反射体が同じでも、周波数によって表示映像がちがう。プレジャーボートでは五〇キロヘルツと二〇〇キロヘルツの二周波数が普及型なので、この二つの周波数で具体例を示そう。

超音波の反射は魚が大きいほど強く、周波数が高いほど強い。また、超音波のビームの幅（ビーム角ともいう）は、周波数が高いほど狭くなる。ビーム幅は五〇キロヘルツでは約五〇度、二〇〇キロヘルツでは約一五度である。そのため、五〇キロヘルツでは、広い範囲の魚の反射映像

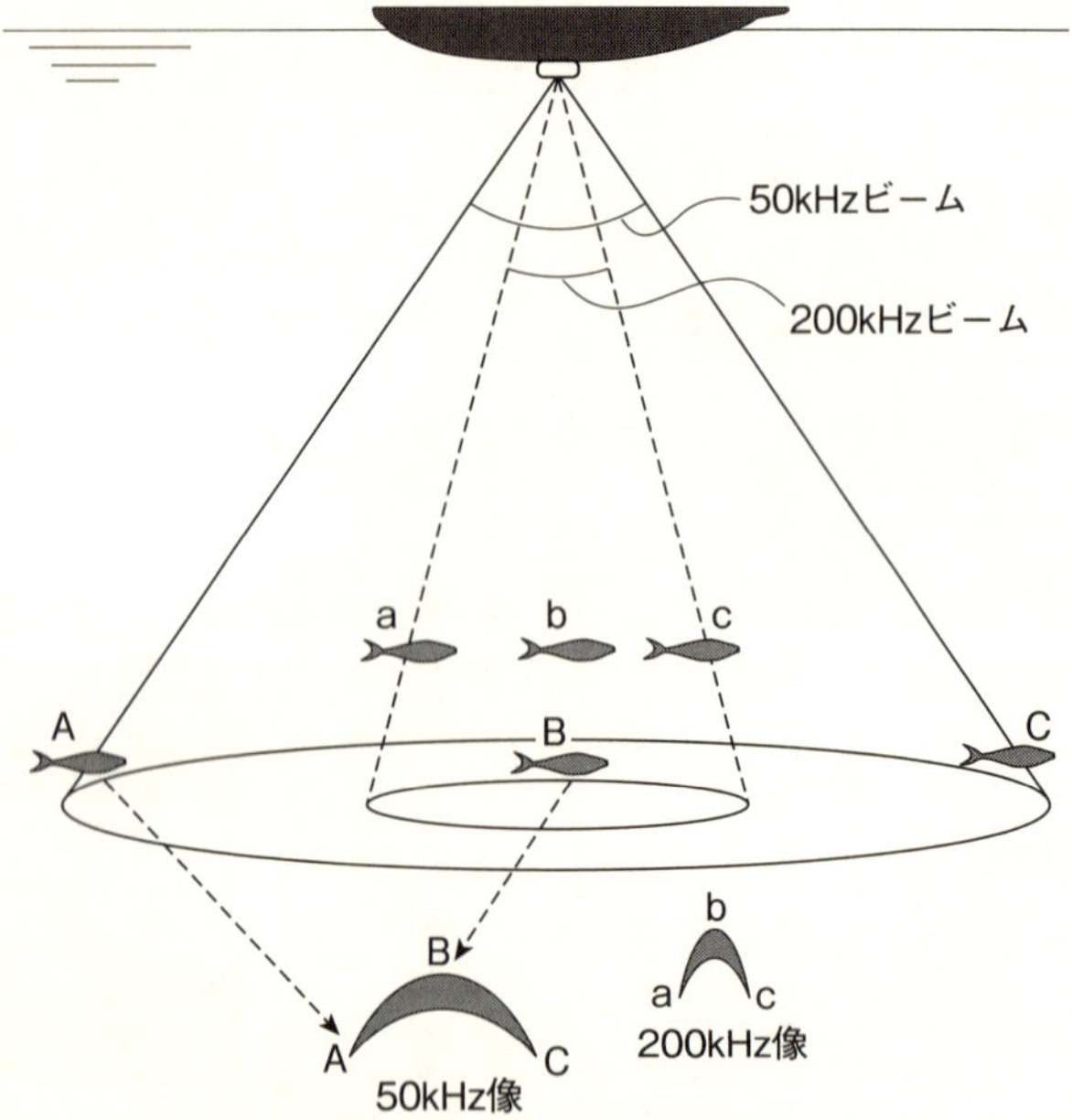

図7-11　魚の位置とモニターにみられる魚群像の関係

を得られるが、魚が船の下方にいるのか離れているのかわからない。二〇〇キロヘルツでは船の下方の魚の像だけが示される。

モニターに∧形のクラゲ状の映像がよくみられる。これはクラゲではなく魚の映像である。今、船が止まって一つの魚がビームを水平に横切る状態を考えると（図7－11）、ビームの縁では遠いのでモニターでは深く、船の真下では近くなるので浅く表示される。魚が船の真下から離れると再び遠くなるので深く表示される。このために、魚の像が∧形になる。ビーム幅が広い五〇キロヘルツでは幅広い∧形の映像になり、二〇〇キロヘルツでは細い∧形か一本の線のように表示される。釣る際のタナは、船底の映像にあたる∧形の峰の水深を参考にして決める。

二〇〇キロヘルツでは小さな点状の魚群像が表示されるのに、五〇キロヘルツでは見えないことがある。これも周波数のちがいによる特徴である。低周波では、カタクチイワシの群のような小型魚の群を捕捉できないのである。低周波は大きな目合いの網で、高周波は目が細かい網だと考えればよい。漁船が低周波と高周波の二つの周波数を使うのはこのためである。

モニター画面の像から、海底の様子も知ることができる。岩盤底質は超音波の反射が強いので厚い層に表示され、反射が弱い砂質や泥質の海底は薄い層で示される。規則的に波打っている海底像は、船の揺れのためであって、海底が波打っているのではない。

最新の魚探は、水温を表示したり、魚群が現れるとピッピッと音で知らせたり、海底が浅くなると警報音で危険を知らせたりして、ずいぶん使いやすくなった。さらに、GPS機能と記憶装置を備えた魚探は、航行中に見つけた魚群の位置を次々と記憶しておいて、一番大きな魚群に戻って釣りをすることができる。全遊漁船と漁船が記憶した情報を持ち寄ると、その日の魚群分布が一目でわかるはずだが、ライバルに自分の重要な情報を公開する船は今のところないようだ。

8章　釣り場の水環境

釣り場の水の変化は魚の生理や行動に影響を与える。そのため、釣り人は釣り場の水の変化に敏感である。海では潮汐による水の流れによって水温、塩分、溶存酸素などが微妙に変化する。渓流では日射が遮られただけで水温が下がる。それらが魚に直接あるいは餌生物を通して間接的に影響を及ぼす。

釣りの上達には魚や道具に詳しくなるだけではだめで「釣り場の水について科学的な知識をもたねばならない」と釣りの先輩たちから教えられた。確かに水温は直接魚の食いに影響するので、重要な環境情報である。しかし、高価な器械で海水の溶存酸素と塩分濃度を測ったところで、それだけでは釣りのポイントとタイミングの選択にあまり役立たない。

ここでは、水温、溶存酸素、透明度と魚との関係を説明する。魚の生活を理解するために役立つ。

8−1　釣り場の水温と魚の食い

魚は体温を維持できない変温動物で、行動や生理活性が環境水温によって直接影響を受ける。渓流の魚は四度以上でなければ釣れないし二一度以上では食いが止まる、シマアジは一八度で活発に摂食するが一五度で摂食が低下し一二度では摂食を停止する、ブリの摂食は一五度でピークで一〇度で摂食を停止する、というような魚の食いと水温に関する情報はたくさんある（表8−

魚　種	生存可能水温	成長適水温	摂食減少水温	摂食停止水温
ブリ	7～31	18～27	15以下、26以上	10
カンパチ	9以上	20～31		
マダイ		20～28	17以下	10
ヒラメ	1～32	21～24	26以上	
シマアジ	8以上、高温に強い	24	15以下	12
トラフグ	4～29	14～25		
マアジ		20～23	15以下	
イシダイ	18～29	26	18以下	
イシガキダイ	18～30	29	18以下	
マハタ	9～34		17以下	
スズキ	1.1～35.5			
オニオコゼ		23～27		
カサゴ		13～28		
クロソイ	低水温に強く高水温に弱い	10～20		
メジナ	5～31.4			
ウグイ	0.7～30.3			
ギンザケ	0.2～25			
サケ	0.5～23.7			
ベニザケ	0.0～24.8			
カワマス	0.5～25.5			
オオクチバス	5.5～36.4			
ナマズ	−1～36.5			
コイ		15～30		
ギギ	0～33.5			

表8-1　魚の摂食と水温（℃）との関係

1)。また、飼育水槽に水温勾配をつくって魚の分布をみる水温識別能力試験では、ハゼは〇・〇五度、シラスウナギは一度の温度差を識別できて、魚の水温知覚は相当に鋭敏であることがわかっている。

アメリカのバス狙いの釣り人たちは水温に非常に神経質で、水温計をいつも携帯するか、ボートには必ず水温計が装備されている。バス釣りトーナメントの上位入賞者が最も重視する釣り場の環境情報は釣り当日の水温と過去数日の水温変化だという。

なぜ水温なのか。

魚の食いに影響する環境要因は水温だけではないが、水温は溶存酸素などの他の環境要因を知る指標になり、また最も簡単に得られる情報であるからだ。

例えば、夏期に顕著な水温躍層ができたとする。水温躍層とは、水温が急激に変化する層である。躍層の下は溶存酸素が少ないので、魚は溶存酸素が十分な躍層の中に群れている。このとき、狙う層は躍層の中である。

バスは水温が七・五度以下と二七度以上では食いが止まり、魚が活動的になる水温(釣りの適温)はオオクチバスでは二〇～二五・五度、コクチバス一九・五～二二度、ブルーギル二四～二六・五度、冷水魚のニジマスは一三～一五・五度とされる。表面水温がこの適温より高い場合は、水温が低い少し深めを狙う。すると、使うルアーは浮力が小さい沈みやすいものを選ぶこと

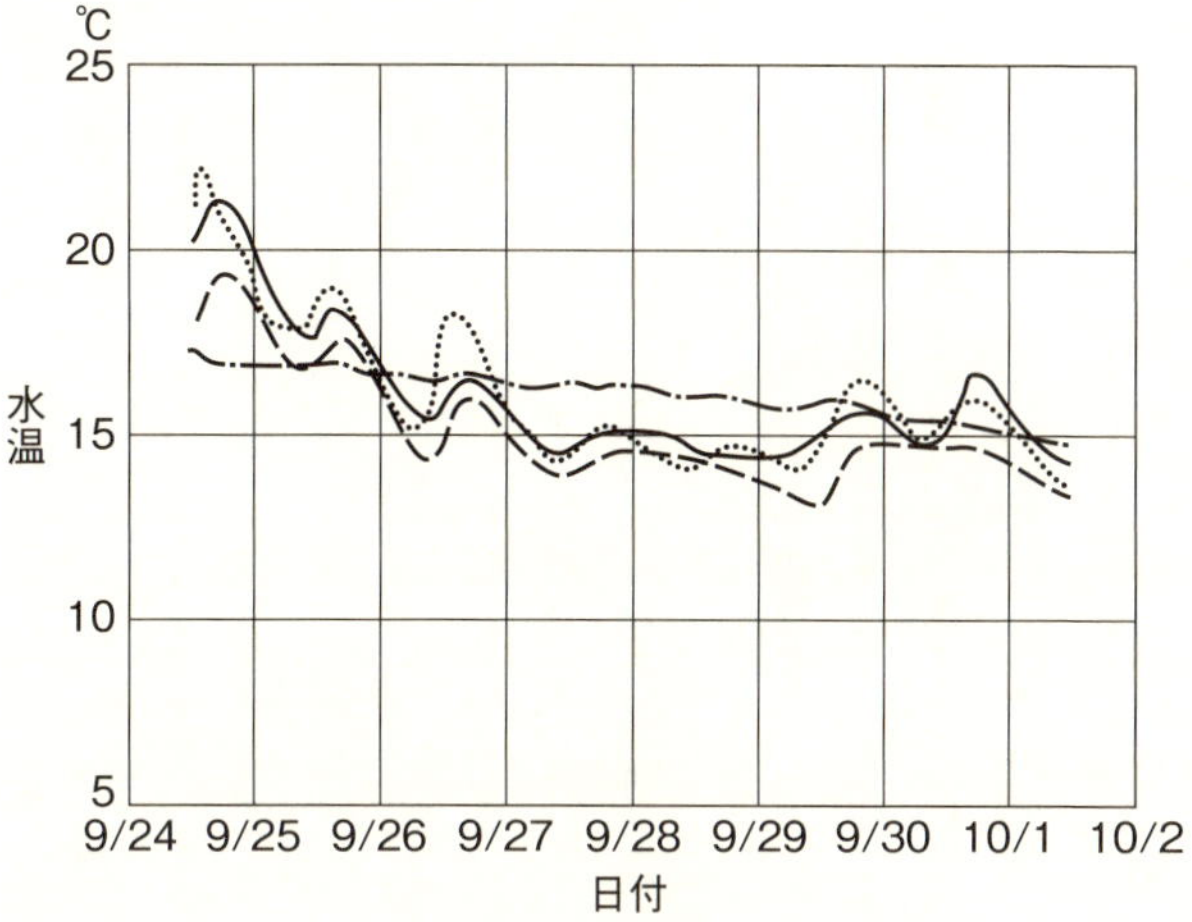

図8-1　グランド川4地点の水温連続記録の例

になる。

水温を知ることで、魚の活性に合わせてルアーを曳く速さを変える。例えば、オオクチバスの場合は一三度以下ではゆっくり、二四度以上では速く曳く。このように、湖の釣りでは水温が重要な情報として使われている。

次に、渓流の釣り場の水温と魚をみてみよう。川の水温は、季節変化だけでなく一日のうちでも変化が激しい。日本の河川のデータが得られなかったのでカナダのオンタリオ州を流れるグランド川の連続記録の例（グランドリバー保全局）をここに示した（図8－1）。季節は秋なので水温は下降傾向にあるが、一日の間にも二～四度程度の水温変化がみられる。川の水温に影響を与える最も大きな要因は流量であるが、一日の流量に大きな変化がなければ、水温は天候すなわち日射に最も大きく影響される。曇天日には水温が急激に下がり、陽が照るとすぐに水温が上がる。

渓流では、魚の食いが水温の影響を強く受けることは釣り人なら誰もが経験あることだ。私もニジマス釣りの実験で、養魚池の水温が一日で二度下がっただけで食いが止まって実験を翌日に延期したことがある。渓流でも魚の食いの良し悪しとそのときの水温は釣り人の貴重なデータであるので、科学的に釣ろうと心がけている釣り人は渓流の水温を几帳面に記録しておられる。とはいえ、水温に神経質ではあっても常に水温計を携帯する釣り人は少なく、水に手を入れて今日は温かいか冷たいかを知ろうとする。手で測ったのではあまり正確な水温がわからない。丈夫な金属製のケースに入った安価な水温計が市販されているので、水温計の携帯を勧めたい。

8-2　水温の変化と魚の体温

釣り人は微妙な水温低下によって魚の食いが低下することを経験的に知っている。この経験則の理解は、魚は変温動物であるので体温が水温によって直接変化するという〝常識〟に基づいている。では、この常識は正しいのだろうか。

深い湖や海では、魚は鉛直的な移動を行っていて、鉛直移動範囲の水温差は一〇度を超えることもある。図8-2の左はゴマサバ釣り操業中の魚群探知機の記録である。黒く映っている魚群

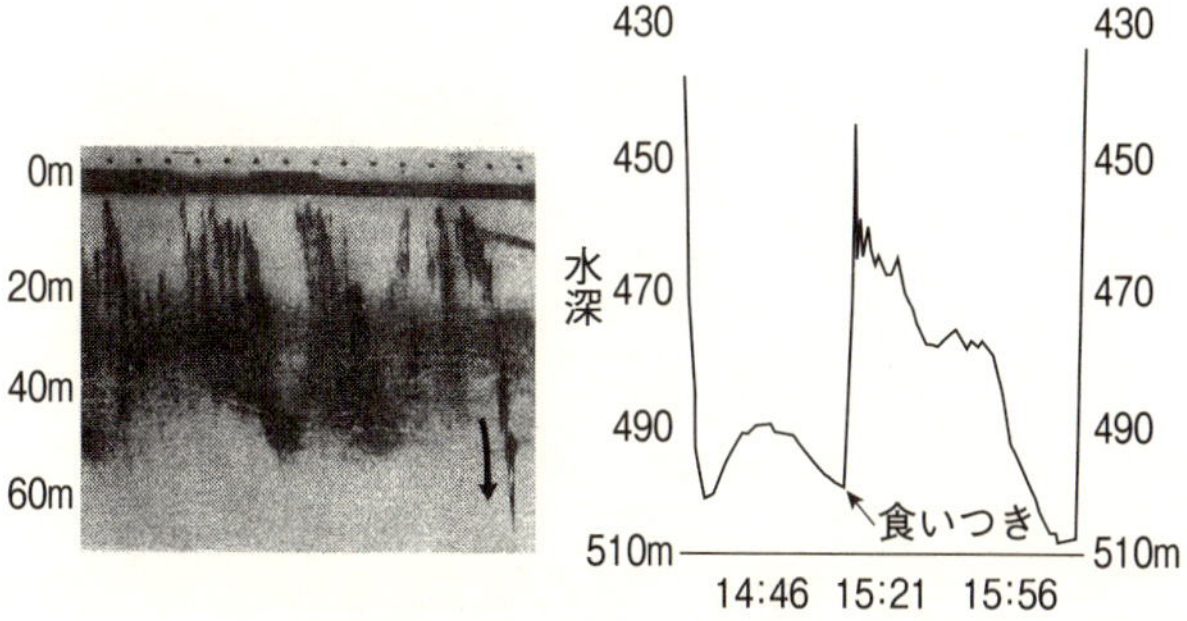

図8-2　ゴマサバの魚探記録（左，川村，1979より）とメバチの針掛かり後の沈下を示す深度計の記録（右，山本，2008より改変）

は海面から五〇メートル層まで浮沈を繰り返していて、最後（矢印）には一気に六〇メートル以上沈下した。右の図は延縄の針に掛かったメバチが約七〇メートル急上昇し、その後再び沈下した深度計の記録である。

水深が深くなると水温が下がる。水温が一〇度低下すると、ハガツオの筋力は半分になるという計算例がある。しかし、実際の釣りでは、表層で釣り針に掛かった魚が針を三〇メートル深く引き込んでも、低水温層で魚が活力を失って引きが弱くなったりはしない。なぜなのだろうか。それを考える前にまず温度と生理現象の関係を説明しよう。

温度が一〇度上昇したときの化学反応速度を示す値をQ_{10}（キューテン）値と呼び、生理現象ではおおよそ$Q_{10}=2$である。体温が一〇度下がると酸素消費量や消化管内の消化・吸収速度が1/2になり、さらに一〇度下がると1/2×1/2＝1/4で四分の一になるという意味である。神経の情報伝達は電気的な伝達と化学的な伝達が行われている。Q_{10}

の法則がすべての感覚神経にもあてはまるならば、神経の化学的伝達物質の動きが止まって感覚が鈍り、よく見えない、味も匂いもよくわからない、音もよく聞こえないということになる。

図8-3は、水温が下がると眼が機能しなくなることを示した実験結果である。ハワイ大学のフリッチェス博士たちが、マカジキの活きた摘出眼に点滅光を照射して、眼に起こる電気的応答を記録した。波形が二一度では二五ヘルツの点滅周期（〇・〇二秒間隔の点灯）まで応答がある。ところが、六度では二・五ヘルツの点滅周期（〇・二秒間隔の点灯）ですでに波形応答がなく、眼が正常に機能していない。これは摘出した眼の場合で、体温が伝わる非摘出眼ではこうはならないはずである。

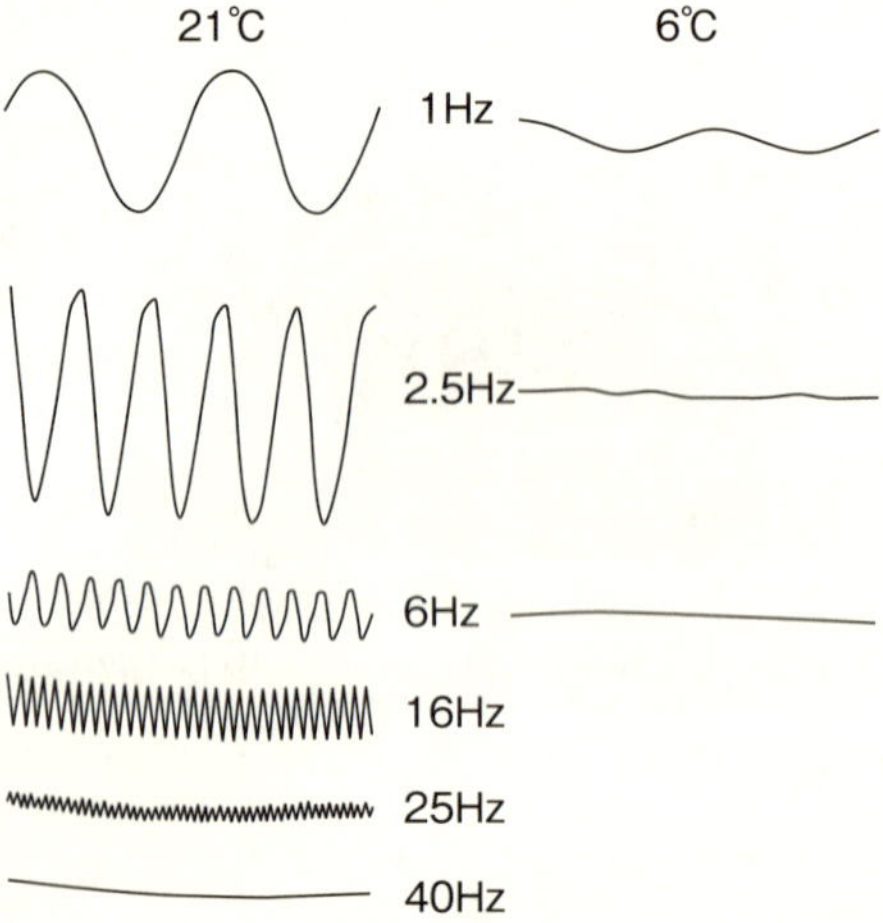

図8-3　異なる点滅周期の光を照射したときのマカジキの眼の電気的応答記録（Fritshes ら, 2005より）

一方、1-1で説明したコントラスト識別感度を調べた私の実験では、水槽の温度を一五度下げてもコントラスト識別感度に変化はなかった。Q_{10}の法則からいうとこれはおかしい。体温が変わっても、神経活動を一定に保つ保温機構があるにちがいない。

実は、変温動物といっても、魚も他の動物もある一定の体温を保っていなければ生存できないのである。魚の体温が環境水温より高いことは昔から漁師がよく知っていた。魚が釣獲層の水温と同じ体温であれば、釣れた魚の体温と漁場の鉛直水温分布から、釣獲水深がわかると考えて、マグロ延縄で釣った直後の魚の体温を測ってみると体温が異常に高い。延縄の枝縄に水深記録計を取り付けて測定した釣獲水深の水温より、体温が一四度高いという例があった。しかし、このような漁師からの情報は科学者には無視された。針に掛かったマグロが暴れたために体温が上がったのであって正常な体温ではない、という理由であった。

しかし、体温と水温さらに水圧（＝水深）を記録できる電子標識を魚に取り付けて追跡する実験装置が進歩した今日では、魚の体温が水温より高いことがわかっている。小笠原水産センター海洋島が電子標識をつけて放流したメカジキは、水深八〇八メートル（水温は四・八度）まで潜水し、このとき海面との水温差は二五度であった。このような水温差があっても、脳の温度がある範囲に維持されている。アメリカの研究者たちによると、眼の近くにブレインヒーターと呼ばれる生体ヒーターがあって、これが視神経系と脳の温度をある一定の温度に保つことがわかった。この保温機構のために、低温下でも眼が機能するという。

しかし、私はこの保温機構の研究は筋肉運動の発熱を見落としているように思う。眼の神経系の温度を上げる最も効果的な方法は、眼を動かす筋肉の運動で生じた熱の利用である。ヒトの眼の動きには意識的にある方向に眼を向ける随意運動と、自分では意識していない眼の動きである不随意微震運動がある。微震運動とは、常に眼が振動している動きで、物を見るために欠かせない眼の動きである。魚にも眼の微震運動がある。微震を起こす筋肉が発生する熱が、視神経と脳を一定の温度に保っているという廃熱利用説を私は考えている。

8－3　釣り場の溶存酸素と魚の食い

皮膚呼吸をするウナギやムツゴロウのような魚とちがって、鰓《えら》だけで呼吸する魚は、溶存酸素が少なくなると呼吸困難になって水面でアップアップし始める。水中の酸素が少ないと魚は餌を食べなくなるので、こうした〝鼻上げ〟が内湾や池でみられるところでは釣れない。このようなことはわかっているが、水中の酸素の量と魚の食いの関係について細かいことは皆目わかっていない。ここでは水中の酸素と魚の生理的な関係を述べたい。

空気一リットル（L）中に含まれている酸素は二一〇ミリリットルである一方、水一リットルに含まれる酸素（溶存酸素）は九ミリリットルと非常に少ない。そのため、鰓は効率よく溶存酸素を取り込むようにできている。鰓に運ばれる酸素のうち血液に取り込まれる酸素は六五～七五パーセントで、ヒトの肺に運ばれる酸素の一九パーセントに比べると、鰓はヒトの肺より三〜四倍も効率がよい。この酸素利用効率は人工的につくった熱交換器の効率より優れていて、魚類特有のものである。

水中の溶存酸素（DO）の量はppm（パーツ・パー・ミリオン、一〇〇万分の一の意味）という単位で表す。mg/Lで表すこともあるが、これはppmと同意の単位である。溶存酸素はDOメータ（図8−4）と呼ばれる器械で測定する。

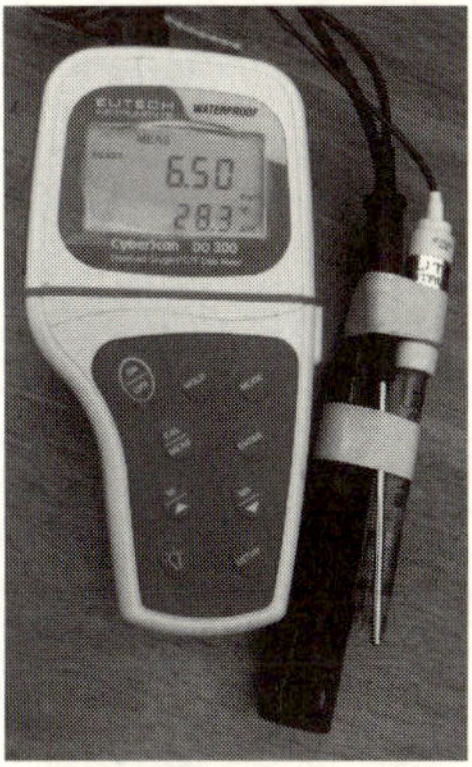

図8-4　溶存酸素を測るDOメータ

一般に、魚は溶存酸素が二ppmでは窒息するので生存できず、三ppmでは他の水域に移動し、四ppm以下では不快感とストレスを感じ、五ppm以上で正常に棲息できるといわれる。しかし、低い溶存酸素への耐性は魚種や成長段階によって差がある。例えば、ヒメマスは三ppm以上であれば正常に棲息できる。また、サケの産卵場の小石の間の溶存酸素量は二・三〜四・二ppmで、極端な場合は〇・六ppmという場所があるが、サケ仔魚はこのような場所で正常に成長して稚魚になる。

北海道さけ・ますふ化場でのサケ仔魚の飼育例では、二〜三ppmでは仔魚の光刺激に対する反応が鈍く、餌付けが遅れた。また、大都会を流れる川では溶存酸素量が三ppm以下でもスズキがルアーで釣れるが、掛かった後の引きが弱く簡単に引き寄せられる。低い溶存酸素量は魚にストレスを与え、魚が活力ある正常な生活をするには五ppm以上の溶存酸素が必要との一般論には納得できる。

ここで、溶存酸素の鉛直分布の実際の例をみよう。北海道のサロマ湖は日本で三番目に大きな湖で、最深部が一九・六メートルあり、アメマス、サクラマス、ニジマス、ワカサギの釣り場で知られている。ここでは、溶存酸素の鉛直分布は夏期以外は下層まで九～一二ppmあるが、夏期には顕著な溶存酸素躍層が六～八メートル層にできて、八～一〇メートルでは溶存酸素が五ppm、底層の溶存酸素は一ppm以下になる。サロマ湖では、水路から流入する海水のために顕著な水温躍層は形成されない。したがって、釣りの層は溶存酸素だけを考えればよく、中層以上であれば釣果が期待できる。

水温躍層ができなくても溶存酸素躍層が形成されるのは、湖水への酸素の溶け込みと底層での生物による酸素消費が理由である。植物プランクトンが光合成の結果として酸素を放出するが、光合成によって産生された酸素より、大気中の水面から溶け込む酸素が遥かに多い。一方、底層では、死んだ植物プランクトンなどの有機物を微生物が分解する際に、酸素が消費される。湖流がなく、表層と底層の間で水の混合がなければ、溶存酸素躍層ができる。

通常、流入水が湖に酸素を運ぶので、水が流入するところは溶存酸素量が高い。ここは餌生物が集積するところでもあるので、釣りのポイントになる。

では、海ではどうだろうか。酸素は、海面から溶け込むので表層に多く、深くなるにしたがって乏しくなるのは湖と変わらない。海では溶存酸素と釣りの関係は不明瞭であるが、水面が波だつと酸素の溶け込みが促進されるので表・中層の魚が元気になる。マグロは時化の頃に大漁があり、カツオは時化の後によく釣れ、イカ、サバ、アジは時化前に大群を成すので大漁になるという経験則がある。

次に、酸欠と過剰酸素の生理学を述べよう。魚の酸素消費量は、魚の状態によって変化するが、おおむね活動的な魚では大きく、不活発な魚では小さい。器官別に見ると、脳が最も酸素消費量が大きい。筋肉はエネルギー源であるグリコーゲンを燃やすので酸素を消費するが、白筋の酸素消費量は脳の一〇分の一程度と意外に少ない。水中の溶存酸素が少なくなって酸欠になると、最も早くダメージを受けるのが脳なのである。

溶存酸素一三ppmを超えて過剰になると、血管に血栓を生じたり、鰭《ひれ》や皮膚に空気腫を生じることがあって有害である。しかし、自然条件ではこのような過剰溶存酸素の弊害は起きない。この弊害が起こるのは水槽や活魚運搬車で過剰にエアレーションや酸素供給をしたときである。

蛇足であるが、飲料水の溶存酸素量が十分だとヒトは水をおいしく感じる。魚では味覚と溶存酸素量の関係は調べられていないが、溶存酸素量が低いと魚の食いが低下するので、魚もおいしさを感じるには適度な溶存酸素量が必要なのかもしれない。

釣った魚を活かして持ち帰るときは、容器の水に十分な酸素を与えたい。ただし、過剰な酸素を供給するのは避けたい。酸素供給には携帯用のエアーポンプがよく使われているが、私は水中に入れると酸素の泡を発するセラミック酸素発泡材を使っている。電池切れの心配がなく、小さいながら長時間使用できるので便利である。水温を下げると、水に酸素が溶け込みやすくなり、さらに魚の酸素消費量が減るので、適当に氷を使うのがよいだろう。ただし、海水魚の場合は、氷が溶けると海水が薄まるので、氷をビニール袋に入れたまま使うのがよい。

8-4　水が清ければ魚が棲まないか

透明度が気になるのは河川湖沼の釣りである。〝水清ければ魚棲まず〟という言葉があるが、清い水すなわち透明度が高い水でも良い釣り場があり、透明度の高低が必ずしも釣り場の良し悪しを決めるものではない。

〝透明度〟は「セッキー氏の透明度板」と呼ばれる直径二七センチ（約一フィート）の白色円盤を沈めて見えなくなるまでの深さで示す。水中光学的な特徴を示す基準といえる。水中光学が専門の近畿大学・津田良平教授によると、透明度板の二七センチという直径は科学的な根拠がな

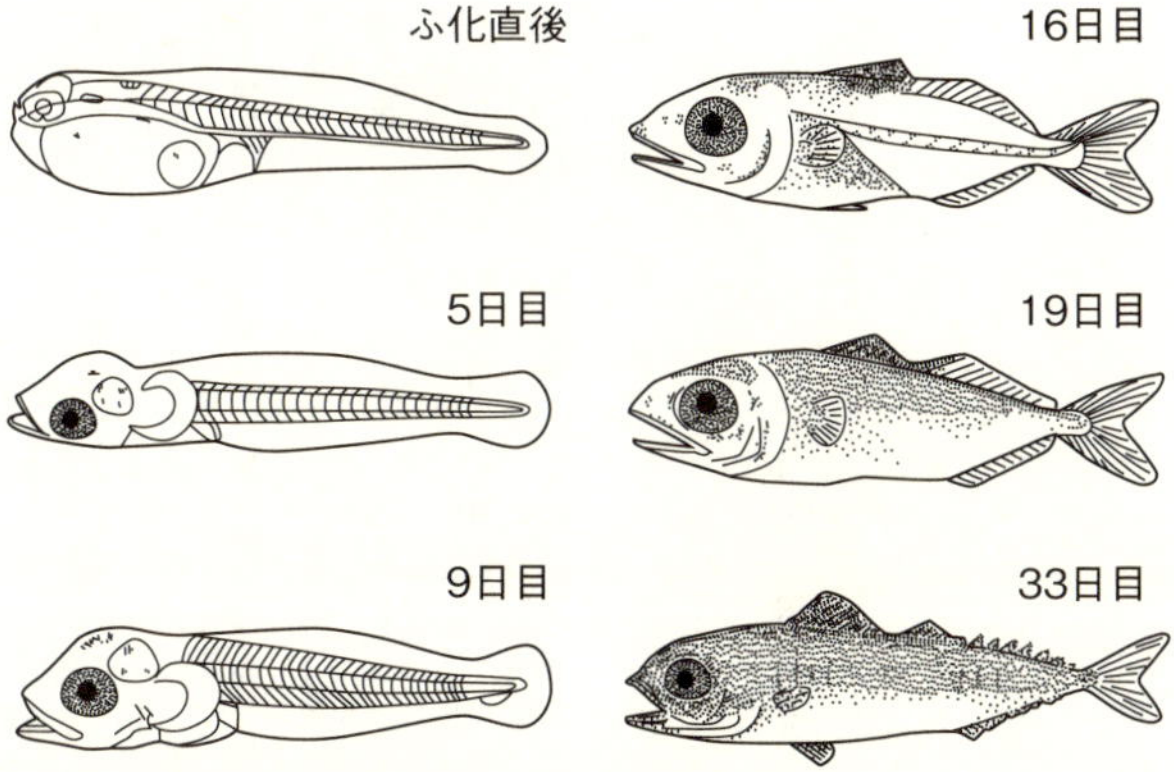

図8-5　クロマグロの成長初期の形態変化（Kawamura, Masuma, Tezukaら, 2003より）

く、理論的にはもっと小さくても良いらしい。セッキー氏の透明度板は持ち運びに不便なので、彼は野外調査にはいつも直径一〇センチの透明度板をポケットに入れておられた。

透明度は湖沼の生物学的特徴を示す指標にも使われる。透明度は、水中のプランクトン量と水中に浮遊する微生物や泥の粒子によって決まる。一般に、プランクトンが少ないと透明度が高い。海産魚も淡水魚も例外なく仔魚は動物プランクトンを食べて生活するので、動物プランクトンが少ない湖沼で生きられる魚の数は限られる。

魚の子を仔魚といったり稚魚といったりするが、仔魚と稚魚は成長段階による呼び名で、卵からふ化してから変態して親に似た形になるまでを仔魚といい、変態を終えて体型が親型になったがまだ性的に成熟していない成長段階の魚を稚魚という。クロマグロは生後三三日目（全長約四センチ）以降を稚魚という（図8－5）。性成熟したのが生物学的成魚である。しかし、稚魚という語は幼い子供という印象があるので、ある程度大きくなった稚魚を幼魚といったり若魚といっているが、生物学用語ではない。

仔魚が生き残るために必要な動物プランクトンの種類は限られている。そのような動物プランクトンをタイミングよく食べた仔魚が生き残れる。そのタイミングは、ボルネオ海洋研究所の瀬尾重治教授によると、熱帯性の仔魚では卵黄が完全に吸収されるだいぶ前の短い時間で、このタイミングをのがすと仔魚は生き残れないという。湖沼の透明度によって魚の多寡を推知できないのは、仔魚の生き残りを決めるのが、動物プランクトンの密度よりも種類だからである。そのため、湖沼では、漁業が行われていなければ、魚が多いかどうかを知るには釣ってみるしか方法がない。

海では、プランクトンが少ないと透明度が高いのは湖沼と同じであるが、透明度が漁場の選定の指標になっている。プランクトンの種類と密度によって水色《すいしょく》がちがうので、漁業者は海の水色で漁場を判断している。経験則によると、イワシやクロダイは透明度が低い海水のときに好漁で、サバ、サワラ、カツオは透明度の高い海水でないと寄ってこない。

9章　釣りのルールと釣り場の保全

魚介類は我々に良質なタンパク栄養を供給する欠かせない食料であって、漁業者には国民に安全で良質な水産食料を供給する任務が与えられている。

継続的な漁業生産には漁場管理が必要で、それは、これまで専業漁業者が行ってきた。公共水面で魚を獲る権利にともなう義務である。一方、レクリエーションのための釣りが広く普及して、釣り人の数が増えた今日、資源と漁場の管理への遊漁者の参加が不可欠になった。

魚は広大な海を自由に大きく移動している。沿岸漁業者は移動する魚を追って漁業権域を越えて漁をすることはできないが、遊漁者はよりよい釣り場を求めて自由に移動できる。こう考えると、遊漁者は専業漁業者にできない漁場管理ができそうである。

専業漁業者と話し合って共同で漁場の利用・管理・保全を行っている釣り人の組織が増えている。今の釣り場を永続的に利用するために、釣り人と専業漁業者が一緒に考え、行動する。これはこれからの釣り場利用の方向であろう。今では、釣りをしない人でも、水を汚染から護り、地球上の生態系を構成する野生動物を維持したいと求めていて、具体的行動を起こしている。

ここでは、遊漁者参加の釣り場の保全と漁場管理について考えてみよう。

9－1　漁業権と資源管理

法律の話から始まって少々頭が痛くなるが、釣り人に関わる法律を避けるわけにはいかない。

漁業法という法律がある。その第八条には、漁業を営む権利について、「漁業協同組合の組合員であって、(中略)共同漁業権又は入漁権の範囲内において漁業を営む権利を有する」とある。さらに、第一〇条に、「漁業権の設定を受けようとする者は、都道府県知事に申請してその免許を受けなければならない」と規定している。すなわち、公共水面で魚を捕獲する権限は、各都道府県知事が漁業協同組合(漁協)に与えている。

河川湖沼などの内水面では、水産動植物の増殖をすることが漁業の免許を与える条件になっており(第一二七条)、免許を受けた者がこの努力を怠ると免許が取り消されることがある(第一二八条)。漁協が行っている河川への稚魚放流事業は、漁業法で規定された義務の一つである。漁協は、知事の許可を受けて遊漁の制限をする遊漁規則を定めることができることになっている(第一二九条)。遊漁規則が根拠の「遊漁料金」は、釣った魚の代金ではなく、漁協が実施している魚類増殖事業や漁場管理事業に必要な経費を分担してもらうためのものである。遊漁規則に違反し、漁協の監視員や水産資源保護員等の指示に従わない場合は罰金刑が科せられることがある(第一四三条)。

海面、内水面いずれでも、遊漁者が規制を受ける法律は水産資源保護法である。この法律によって都道府県が決めた管理水面では、漁具・漁法、採捕禁止区域・期間、体長制限などの規制がある。

このように、専業漁業者は法律に縛られながら漁を行っている一方で、遊漁者に指定水域を開放している。漁協が法律によって管理義務を負わされている水域で、非組合員が勝手に釣りをする自由を求めるのは非現実的である。

漁場管理は科学的でなければならないとされる。科学的管理とは、過去の漁獲量を基礎データとして魚をどれだけ獲れば資源減少を起こさないかという漁獲可能量を決めることである。地球規模では、動物プランクトンが食う植物プランクトンの生産力をもとに計算する方法がある。アメリカのライレイ博士らによると植物プランクトンの生産力は年間一〇〇億～一〇〇〇億トンであるので、人類が利用できる魚介類の量は年間一億トンといわれている。現在の世界漁獲量はおよそ一億二〇〇〇万トンであるので、限界に近い漁獲をしていることになる。ただし、一億トンは、海洋汚染と乱獲がない場合という仮定の上での計算である。

9-2　稚魚放流は効果があるのか

漁業資源の涵養を目的にした稚魚放流が、全国各地で行われている。放流されるのは卵から育てられた稚魚である。放流された稚魚は成長して遊漁の対象にもなるので、釣り人も稚魚放流に興味をもっている。しかし、稚魚は大型の魚食性の魚の餌になってしまうのに、放流された稚魚は資源涵養に役立つのだろうか、という疑問をよく聞く。疑問はもっともらしいが、実際には放流稚魚は期待した成果をあげている。遊漁者は、放流されて大きくなった魚をたくさん釣っているのである。以下にその具体例をみてみよう。

鹿児島湾のマダイ稚魚放流の例をみてみよう。卵から育てたマダイの稚魚は、眼の前の二つの鼻孔（前鼻孔と後鼻孔、図2－1参照）が連結して変形鼻孔になる。この変形は生涯変わらないので、放流されたマダイは天然マダイと容易に識別できる。鹿児島県水産技術開発センターの宍道弘敏博士によると、漁獲されたマダイに占める変形鼻孔のマダイの割合は三〜一二パーセントであるので、放流稚魚が育って漁獲されていることがわかる。また、同センターの調査によると、鹿児島湾で遊漁者が釣ったマダイに八パーセントの割合で放流魚が混じっているという。遊漁者も稚魚放流の恩恵を受けているのである。マダイの寿命は二〇歳を超えるので、稚魚が保護されれば、放流後二〇年間は釣りの対象になる。

さらに、ヒラメの例をみてみよう。ヒラメの体色は表側（有眼側）が褐色で裏側（無眼側）がきれいな白である。ところが、卵から育てたヒラメの体色は表側に白い斑点ができ、裏側には褐色の斑点ができる（図9－1）。これが養殖ヒラメの特徴で体色異常といっている。体色異常は生涯変わらないので、放流した養殖ヒラメ稚魚は容易に識別できる。日本海区水産研究所の調査によると、兵庫県と石川県の沿岸で漁獲されるヒラメの約一二パーセントが放流ヒラメである。

東京湾ではヒラメの放流効果が顕著である。神奈川県水産技術センターの調査では、漁獲され

図9-1　海釣り公園で体色異常ヒラメを釣った豆釣り師（三宅たまき氏撮影）

たヒラメに混じっている放流ヒラメの割合は四九パーセントである。東京湾では、釣り人を楽しませているヒラメの約半数が放流されたものということになる。ヒラメの寿命は一五歳を超えるので、放流効果は長く持続する。

河川でも盛んに放流が行われている（6－5参照）。長野県水産試験場の調査では、千曲川系の抜井《ぬくい》川《がわ》支流に放流されたカジカは九ヵ月後に二九パーセント残存し、カジカ全体を見ると放流魚が三八パーセントを占めていた。

河川湖沼に漁業権をもつ内水面漁協の多くは、漁業で生活する漁業者は今は存在しないと言っている。「釣り場を管理するのは漁協の仕事」「釣りをするのは釣り人の権利」というのはすでに錯覚といってよい。よい釣り場をつくってそれを維持するには、漁協と釣り人の協力が不可欠なのである。

9－3　幼魚を護る体長規制

磯や防波堤の釣り場で、決められた大きさ以下の魚は海に戻そうという、釣り人に呼びかける体長規制の立て看板をよく見かける（図9－2）。釣り魚の資源を保全するための方策であるが、体長規制といいながら掲示されているのは全長であったり体長であったりする。規制体長は漁業調整規則で決められているので、各県のホームページで海区漁業調整規則を見ると、魚種によって全長であったり体長であったり統一されていない例や、規制が体長で記載されていながら測定方法の絵には全長が示されている例がある。また、北海道の例では〝体長一五センチ又は全長一八センチ〟のように記載されている。一体、全長と体長はどうちがうのだろうか。

図9-2　規制体長以下の魚のリリースを呼びかける看板（三宅たまき氏撮影）

生物学的には全長と体長はちがう。吻端（唇の先）から尾鰭末端までを全長と呼び、体長とは吻端から椎骨の末端までの長さである（図9－3）。椎骨の末端は、尾鰭の付け根で骨がなく、尾鰭を急角度に折り曲げることができる部分である。体長を標準体長ともいうことがあるが、これらは同じもので、魚類学の専門書には体長が使われている。全長と体長のちがいを理解しないと、規制する側と釣り人との間でトラブルが生じかねない。北海道の例はわかりやすい親切な記載だといえよう。

魚類学で全長より体長を使うことが多いのは、尾鰭の先端が欠けた魚の全長を測定できないからである。また、タチウオのような長い魚は吻端から肛門までの肛門全長を使うことが多い。研究上の都合で大きさの表現がちがうのは魚だけではない。トカゲのように尾の欠損が多い動物では尾を含めない長さ（吻端から尾の付け根までの長さ）である頭胴長を体長としている。

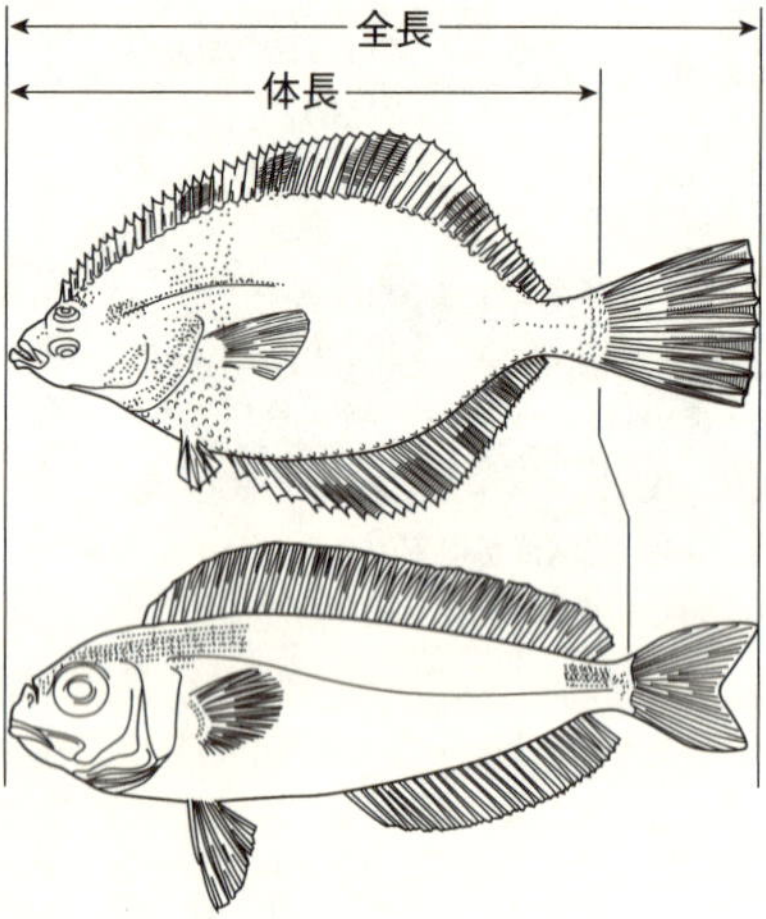

図9-3　魚の全長と体長

家畜を扱う農学部の同僚たちは、魚の成長に興味があるという。陸棲動物はいずれは成長が止まるが、魚は生涯成長し続ける。確かに、とてつもなく大きな魚がときどき獲れてニュースになっている。私は練習船のマグロ延縄実習で、鯨のように巨大なクロカジキを釣り上げた経験がある。延縄を巻き上げるラインホーラーが空転するほど重いクロカジキが海面に浮いてきたときには、体中に延縄の幹縄と数本の枝縄が絡み付いていた。クロカジキとの凄まじい格闘の跡である。全長は一〇メートルを超えていて、胴は直径一メートルほどあったように記憶している。農学部の同僚は、このように成長する魚の成長遺伝子を家畜に組み込むことができれば、動物タンパクの生産増に貢献できそうだ、と考えたのである。しかし、まだ誰も試みてはいない。

体長規制に話を戻そう。リリースの対象になるのは幼魚だけではない。超大物魚もリリースされた。前出の向井幸則君が神奈川県の相模湖で釣った全長八二センチのコイは放流された。釣ったときに、彼が漁業協同組合に報告に行くと、組合職員から「湖の主なので放してあげなさい」といわれたという。雪の降る日のボートからの釣りで、岸近くの湖底で背掛かりしたコイを湖面まで引き上げたときは、湖の中央までボートごと引っ張られていたという。さすが相模湖の主の力である。超大物魚を沼や湖の主とする考え方は日本特有のもので、獲れたときには大切に扱って長寿を祈って放流するのが慣わしになっている。

山形県の大鳥池には、伝説の上だけでなく巨大魚が実在しそうである。大鳥池にはイワナやヒメマスが棲息し、さらにカワマスが放流されている釣りの名所である。この池にタキタロウと呼ばれる巨大魚が棲むという伝承が地元にあり、一九八二年に二メートルの巨大魚を見たという確度の高い情報があった。タキタロウの調査の様子が、テレビで全国に放映されて人々の耳目を集めたが、結局伝説のタキタロウを確認できなかった。そのかわり、全長七〇センチのエゾイワナが捕獲された。この巨大エゾイワナは朝日村の開発センターに展示されている。もしもタキタロウが獲られることがあったら、標本などにせずに、写真に記録するだけですぐに放流してほしいものである。

9-4　リリースした魚は元気になるのか

狙ってはいないのに釣れた魚を外道といって、食用にしない外道はリリースされるか捨てられる。仕掛けを工夫して外道を釣らない努力をしても、外道を全く釣らないのは不可能だ。初心者には、外道釣りも、何が釣れてもいいという〝五目釣り〟も、十分に楽しめる。そこで推薦されるのがキャッチ&リリースで、規制されている小さな魚のリリースは当然であるが、規制対象になっていない魚のリリースも必要である。

漁撈現場で利用されずに捨てられる魚を投棄魚といって、世界の漁業による投棄量は年平均二七〇〇万トン（世界漁獲量の二七パーセントに相当）とＦＡＯ（国連食糧農業機関）が一九九四年に発表して、世界中の関係者に大きな衝撃を与えた。その後、鹿児島大学の松岡達郎教授の提案が受け入れられて、ＦＡＯは六八〇万トンに訂正した。このような数値は、調査方法と計算方法によってずいぶんちがうもので、釣り人は調査対象になっていない。最近、釣り人によって捨てられる魚は資源の無駄であると、世界的な批判が台頭してきた。この批判は強力で、〝うるさいことを言うな〟とはいえない状況である。

リリースの基本は、魚にダメージを与えないように優しく扱うことである。魚は手のひらで握るようにもつとすぐに弱るので、手で魚を握らないことが望ましいが、魚をさわる場合は手をぬらしてそっと載せるくらいの感じでさわる。渓流で釣った魚は、ゆっくり引き寄せて弱らないようにして玉網ですくい、写真を撮ったり大きさを測ったら両手で包み込むように流れの方向に頭を向けてゆっくりと放す。ヘラブナはキャッチ&リリースが基本の魚なので、釣ったヘラブナは弱らないように引き寄せて玉網ですくったら、そのまま水の中でハリを外して玉網からゆっくり出してリリースする。

リリースした魚は本当に元気にもとの生活に戻れるのだろうか、という疑問が釣り好きの学生たちから寄せられる。正確に即答するのは難しいので、〝君らの釣りのテクニックとリリーステクニック次第〟と、無難な答えを言うことにしている。なぜなら、魚を釣り上げられるまでに疲労困憊《こんぱい》するほど激しく運動させると、短時間内で血液中に蓄積された大量の乳酸が、魚を死に至らせる原因になるからである。

ベニマス、ニジマス、イワナを追い回して激しく運動させると、運動に要するエネルギーを供給する筋グリコーゲンが急速に分解し、乳酸が大量に産生して、血中の乳酸量が安静時の六〜一四倍に増加する。安静にした後も、乳酸量が二〜四時間増え続けて、最大時には安静時の一一〜三六倍にもなる。その後、血中乳酸量が少しずつ減少するが、安静時のレベルまで回復するには八〜二四時間かかる。

ヒトでは、激しい運動の停止後、数分間で血中乳酸量の増加が止まり、一時間以内に安静時レベルに回復する。これと比べると、魚の乳酸蓄積は特異的である。大量の乳酸が血液の生理的平衡を乱して魚を死に至らせることがある。リリースしたときは魚が元気に見えても、問題はリリースの後に起こる。リリースした魚が本当に元気にもとの生活に戻ることができるか否かは、釣りのテクニックとリリーステクニック次第というのはこういう理由である。

魚の遊泳能力を測るために、回流水槽で魚が疲れて泳げなくなるまで泳がせたことがある。回流水槽とは水路の水流速度を自由に変えることができる実験水槽で、魚は流れに向かって泳ぐ習性をもつので、水路の中で流れと同じ速さを保ったまま泳ぎ続ける。泳ぎをやめたときに弱い電気ショックを与えると再び泳ぎ出す。こうして、疲労の限界まで泳がせた。使った魚はニジマスとコイで、実験終了時にはゆっくり動いていたが、しばらくすると数匹が死んだように動かなくなり、そのまま回復しなかった。

もう一つ、リリーステクニックの問題がある。鰓《えら》や食道に掛かった針をはずそうとすると、魚に大きな傷を負わせてしまう。傷を負った魚のリリース後の死亡率は非常に高い。そのため、ハリスを切って針を残したままリリースすることが勧められている。鰓や食道に針が刺さったままでも、魚は餌を食うことができ、簡単には死なないことが、イワナ、ヤマメ、ニジマスなどの渓流魚で知られている。

とはいうものの、鰓や食道に掛かったままの針がその後どうなるか気になる。栃木県水産試験

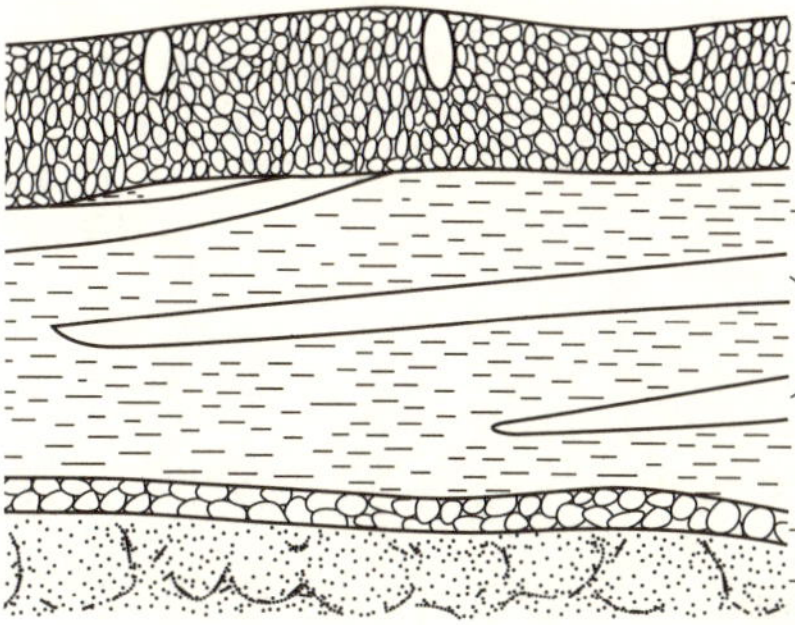

図9-4　鱗を含む皮膚の断面（松原・落合・岩井，1982より改変）

場の土居隆秀博士らの実験によると、口腔に刺さったままの針がイワナでは三日以内に五二～六〇パーセントが、三週間以内に八〇～八八パーセントが排出された。ニジマスではそれぞれ三〇～四〇パーセントと七〇～七五パーセントで、八一日後には九五パーセントが排出されていた。一方、食道に刺さったままの針の排出は遅れ、八一日目までに排出された針はイワナでは三四～五〇パーセント、ニジマスでは一五～三三パーセントであった。排出されずに胃と腸に残っていた針は、錆びて一部だけ残っているものや、肛門から出かかっているものがあった。口から吐き出されなかった針は、錆びて折れて肛門から排出されるようである。

これらの結果から、土居博士は、釣り針の材料として、キャッチ&リリースの際に分解されやすいものを提案しておられる。また、最近の釣り針は防錆コーティングされていて錆びにくい。渓流域に棲息してイワナやヤマメを捕食するシマフクロウやヤマセミなどの、鳥類への影響も心配される。

鱗《うろこ》を剥離させてしまうと、魚には大問題となる。鱗の剥離をあまり気にしない人がいるが、魚にとって鱗の剥離は大怪我であると考えてよい。魚の体表は外皮におおわれて保護されていて、外皮は外層の表皮と内層の厚い真皮からなっている。鱗は表皮の下の真皮に収まっているので、鱗の剥離によって表皮と真皮が傷つけられる（図9−4）。たかが鱗一枚とはいえない怪我なのである。

9−5　魚をおいしく食べる

リリースしない魚は家に持ち帰っておいしく食べたい。魚のおいしさは鮮度で決まる。これが畜肉と大いにちがうところである。畜肉は、筋肉中のタンパク質が体内の酵素によって分解されて、旨味成分であるアミノ酸に変化するほどおいしい肉になる。畜肉のこの変化が、冷蔵庫内では解体・処理後一〇日ぐらいから起こる。ところが、魚肉は、死後硬直状態にあるときが最もおいしく、畜肉とは比べものにならないほど鮮度がよくなければおいしくない。

魚の鮮度を保つには、まず延髄を切断して活き締めにし、直ちに氷蔵する方法が最善であるとされている。この方法で直ちに活き締めしたヒラメでは、死後硬直が二二時間程度持続する。ところが、釣った魚を、氷水に入れて冷やして動かなくなってから活き締めすると、死後硬直が八〇時間ほど持続する。また、海で釣った魚を冷やすには、砕いた氷に海水を加えた氷水に入れるが、海水だけでなく真水を加えると冷えがよいことを最近漁師が発見した。いずれも最新の方法であまり知られていない。どれも氷がなければできない方法なので、氷は必需品である。

ついでに魚を買うときの鮮度の見分け方を説明しよう。眼が澄んでいて、鰓の色が鮮やかな赤かピンクで、魚体をさわってみて張りがあれば新鮮である。反対に、眼に血が混じって眼が落ち込み、鰓が暗褐色で、鱗が剝がれて落ちて身に張りがなければ鮮度が悪い。一番おいしく食べられるのは、死後硬直が始まってから終わるまでである。活き締め直後は身がコリコリして歯ごたえがあるが、味はほとんどない。

人によって好みがあるが、一般においしさを感じるのは筋肉中のアデノシン三リン酸（ＡＴＰ）と呼ばれる核酸構成物質が分解されて、イノシン酸やヒポキサンチンという物質が蓄積されてからである。このような核酸関連物質を測定して計算するＫ値という鮮度指標があるが、分析装置が必要なので、この指標値は家庭では使えない。特別な装置を必要としない目安としては、硬直指数であるＲＩ値がある。これは、魚体を半分台に載せて魚体の曲がり具合をみるだけの方法で、家庭でも簡単に測定できる（図９－５）。

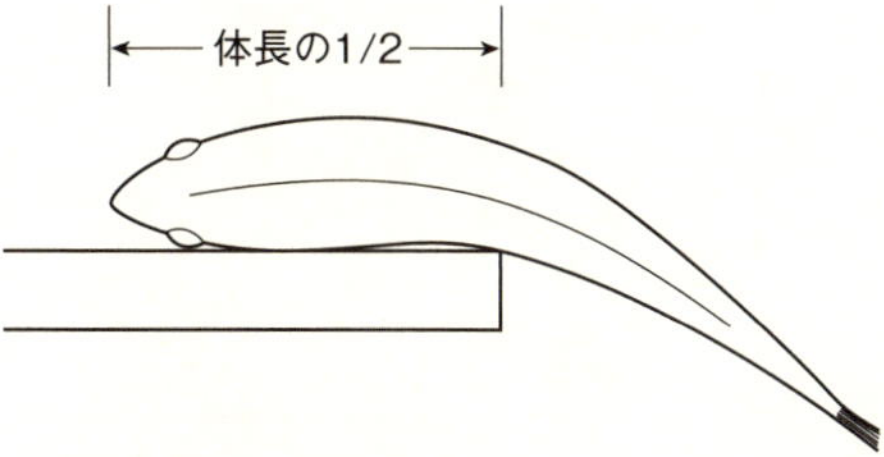

図9-5　魚の鮮度測定方法

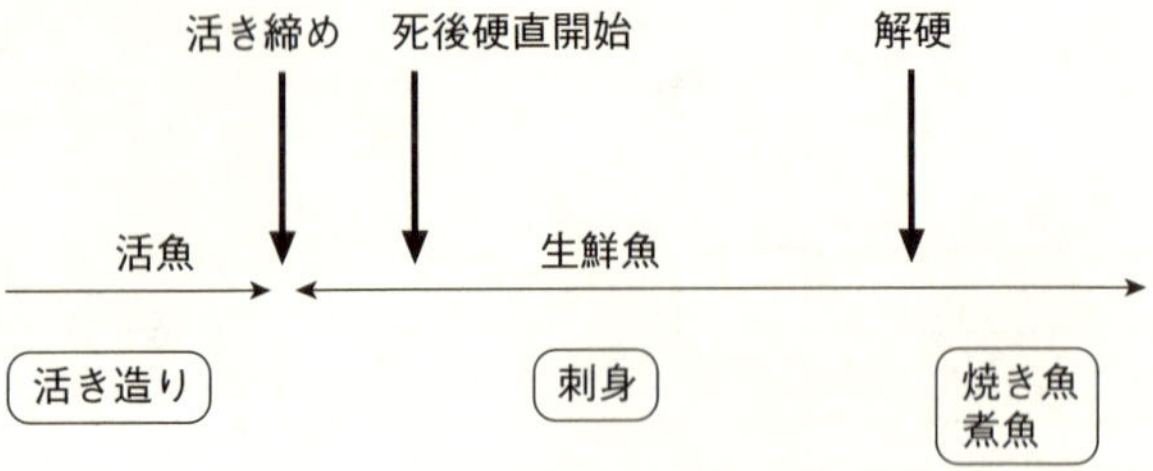

図9-6　魚のおいしい食べ方

この方法で魚の鮮度を確かめるには、ただ手で魚をもつだけでよく、指数など計算する必要はない。硬直中の魚は曲がらず真っすぐであるが、鮮度が落ちるとよく曲がる。どれだけ曲がると刺身で食べられなくなるかは、魚種によってちがうので一概にはいえない。参考までに活き締め後から硬直が解ける解硬までの魚の食べ方を図9－6に示した。活き造りとは、魚やエビを活かしたまま捌いて刺身にする伝統調理法である。手早くおろすことが肝要で、包丁の背で魚の頭を叩いて失神状態にして、内臓を傷つけないようにして包丁を入れる。

9－6　資源管理研究に貢献している釣り人たち

魚が少なくなれば遊漁も漁業も成り立たなくなるので、漁獲量の減少傾向が続けば資源量の危険信号とみなして、漁獲量や漁期などを制限する管理措置がとられる。漁業者による漁獲量は魚市場の伝票に記録が残るので把握しやすいが、遊漁による漁獲量の記録は遊漁者個人のものなので把握できない。神奈川県水産技術センターが特別に調査した遊漁漁獲量データでは、遊漁釣獲量が年間五三〇九トンで、沿岸漁業生産量二万一〇四〇トンの二五・二パーセントに相当している。また、単価の高いイカ類、キス、マダイ、チダイ、キダイ、ブリ類、タチウオ、アマダイなどの魚は、専業漁業よりも遊漁船業で多く獲られている。このような現実があるならば、漁業協同組合が行っている資源管理に遊漁者も協力せざるを得ないだろう。

資源管理としては、釣る魚を減らす方法がある。渓流釣りではすでに尾数制限があって、群馬県では一日二〇匹までと制限されている。渓流魚は数が少ないので、多くの釣り人が楽しむことができるよう尾数制限が必要なことはよく理解されている。だが、海釣りではそうはいかないのが現実である。

どれだけ獲れば魚が減らないかを知るために、まず魚の資源量を知ることが必要だろう。その一つの方法がタグ&リリースによるピーターセンの方法である（6－6参照）。このタグ&リリースを、組織化された釣り人たちが大規模に実施しておられる例を紹介したい。

ジャパンゲームフィッシュ協会（JGFA）というNPOがある。その活動の一つとしてタグ&リリースを実施している。タグ（標識）にはリリースされた日付と位置情報が刻印されていて、タグ付き魚の捕獲情報から魚の移動を正確に知ることができる。協会の年報によると、一九八五年から二〇〇九年まで会員がタグ&リリースした魚は八四種類で、その総数は一四万一一二九匹、再捕総数は一八六九匹。公的試験・研究機関のタグ&リリースを遥かに超える規模と質の活動である。会員がタグ&リリースした魚で最も多いのがスズキの一〇万五二八四匹で、そのうち一〇七八匹が再捕されている。これだけ多くの再捕があると、放流者と再捕者との交流が始まったり、自分が放流した魚を再捕したり、さらに父親が放流した魚を数年後に息子が再捕するなど、釣りとリリースの新しい楽しみが生まれてきている。

JGFAの活動にバッグリミットの提唱がある。バッグ(魚を入れる袋)、リミット(制限)ということで、水産資源の量を維持するために、釣る数を制限するのではなく、持ち帰る数を制限しようという提案である。バッグリミットを超えた分はリリースすればよいので、実現可能な有効な方法である。

9-7 オオクチバスと釣り場の管理

生態系は、長い期間をかけて食う・食われるといったことを繰り返し、微妙なバランスのもとで成立している。ここに外から生物が侵入してくると、生態系だけでなく、人間や、農林水産業まで、幅広く影響を及ぼす場合がある。その一例がオオクチバス(通称ブラックバス、ラージマウスバスとも呼ばれる)である。

北米産のオオクチバスの日本へのもちこみは、丹沢自然保護協会がまとめたオオクチバス年表によると、最初は釣り人によるものではなく、〝公益〟(水産・釣りレジャー振興)を目的に公的に行われたものである。釣り人によるバスの〝無許可放流〟が始まったのは一九七〇年以降のことだ。ラムサール条約登録湿地の宮城県伊豆沼・内沼では、オオクチバスの侵入・定着後に、希少なゼニタナゴやメダカ、ジュズカケハゼが急減した。また、宮城県鹿島台の溜め池では、オオクチバスが侵入した後に、絶滅危惧種のシナイモツゴが確認できなくなっている。さらに、秋田県の一部の溜め池ではオオクチバスが優占種になっていて、いくつかの在来魚種の棲息が確認できなくなっている。

このように、外来種の中で、地域の自然環境に大きな影響を与え、生物多様性を脅かすおそれのあるものを、〝侵略的外来種〟という。侵略的外来魚は他にもあり、外来生物法によって以下の一三種（いずれも淡水魚）が「特定外来生物」に指定されている。

チャネルキャットフィッシュ（通称アメリカナマズ）、ノーザンパイク、マスキーパイク、カダヤシ、ブルーギル、コクチバス、オオクチバス、ストライプトバス（淡水域から海まで棲息）、ホワイトバス、ヨーロピアンパーチ、パイクパーチ（稚魚期から魚類を捕食）、ケツギョ（仔魚は他魚種の仔魚を専食）、コウライケツギョ（中国では高級食材）。

特定外来生物とは別に「要注意外来生物」というものがある。外来生物法の規制対象となる特定外来生物とちがって、外来生物法に基づく規制が課されないのが、要注意外来生物である。しかし、外来生物は生態系に悪影響を及ぼしうるので、環境省が利用者や事業者等に適切な取り扱いを求めている。それらは渓流釣りの好対象魚のニジマスやブラウントラウトなど二一種で、そのリストは環境省のホームページで見ることができる。

私は、鹿児島県内の薩摩湖などで捕獲したブルーギルとオオクチバスを使っていくつもの研究を行ってきた。魚に何かを憶えさせる訓練実験では、魚が訓練中に神経症になりやすいことが研究の障害になっている。私の経験では、ブルーギルが最も神経症になりにくい魚で、他の魚ではできない実験ができた。しかし、今ではブルーギルもオオクチバスも研究に使いにくい魚になった。

研究に使う目的であれば環境省地方環境事務所に申請して特定外来魚の飼育許可を得ることができるが、許可条件をクリアーするのは簡単ではない。許可を受けて飼育する場合、その魚にマイクロチップを埋め込むなどの個体識別等の措置が義務づけられている。これらの義務に反したり特定外来魚を許可なく研究に使うと、重大な罰則が与えられる。また、外来生物法に従っていない研究の論文は、学術雑誌に決して受け入れられない。

このような研究者に対する義務に比べると、釣り人に課せられた義務を遂行するのは難しくないように思える。外来生物法によって釣った特定外来魚を活かして運ぶことが禁止されているのと、一部の県の条例で、その場ですぐ放すキャッチ&リリースが禁止されている程度である。たとえば、琵琶湖をもつ滋賀県では、「滋賀県琵琶湖のレジャー利用の適正化に関する条例」によって、外来魚の再放流が禁止されている。この条例の一八条の規定では、「レジャー活動として魚類を採捕する者は、外来魚（ブルーギル、オオクチバスその他の規則で定める魚類をいう。）を採捕したときは、これを琵琶湖その他の水域に放流してはならない。」と定められている。

私はこうした再放流規制に対して必ずしも賛成しているわけではない。琵琶湖には推定三〇〇〇トンのオオクチバスとブルーギルが棲息し、年間約七〇万人がバス釣りに訪れるバス釣りの聖地といわれる。釣りのために移住した人もいるという。オオクチバスを観光資源と考えると魅力的な釣り人の数である。私は「経済効果があれば何でも許される」とは決して考えていない。しかし、釣り場を適切に管理できれば、オオクチバスは貴重な観光資源なのである。管理が可能な湖沼を決めて、オオクチバスの資源量を維持し、釣り人に解放する、という提案が方々でみられる。私はこの提案に賛成である。

膨大な数の小さな湖沼が広がるカナダ北部ではかつて、湖沼の生態系を完全に破壊してしまうような実験を行い、実験が終わるとその湖沼を放棄するという研究が行われて「湖沼をビーカーがわりに使っている」と批判された。オオクチバスの釣り場の提案は、カナダの例のようにひどいものではない。だが、釣り場に選定された湖沼の生態系をオオクチバスの繁殖に適した新しい人工的生態系に再構築することになるであろう。

【オオクチバス年表（丹沢自然保護協会による）】
一九二五年　実業家・赤星鉄馬氏が米国カリフォルニア州より持ち帰った九〇匹を芦ノ湖へ放流。目的は水産・スポーツ振興。当時は水産振興のためにさまざまな魚が外国からもちこまれた実験期であった。
一九三〇〜一九三六年　長崎県白雲池（一九三〇年）、山梨県山中湖（一九三一年）、群馬県田代湖（一九三五年）、兵庫県峯山貯水池（一九三六年）などへ試験的に放流。
一九四五年〜　ルアーフィッシング萌芽期に進駐軍（在日米軍）による相模湖・津久井湖などへ部分的に拡散。
一九六五年　ブルーギルが大阪府淡水試験場に譲渡、ここから各水産試験場と養殖業者に配付。琵琶湖（西の湖付近）で初めてブルーギルが確認された。
一九六六年　淡水区水産研究所がブルーギルを初めて自然水域へ放流（静岡県一碧湖）。魚類学者の檜山義夫博士がこの放流を生態学的視点から批判。
一九七〇年〜　ルアーフィッシングブームが起こる。釣り愛好家らによるバスの無許可放流が始まる。

9―8　撒き餌で問われるマナー

岩礁海岸の潜水観察から帰ってきた学生たちから、変色したオキアミが海底に堆積していたと報告があった。また、私がときどき訪問する漁師から、釣った魚が変色したオキアミを食っていて腹を開いたら臭かったが魚に悪影響はないか、と相談があった。変質したオキアミでもさまざまな海底動物が食うし、食い残されたオキアミは微生物がじきに分解するので、心配いらんと私は返事をすることにしているが、彼らは納得しない。私は撒き餌釣りを否定しないし、撒き餌のオキアミは使い方の問題だと考えている。ただし、これは海釣りの場合で、湖沼での釣りの場合については後述する。

海面遊漁としての撒き餌釣りは、遊漁船業の主要な営業種目になっているほか、海釣り公園での利用など一般的な漁法として定着している。この実態をふまえて水産庁は、撒き餌釣りの全面的な禁止措置の見直しを求めて、水産庁長官名で関係都道府県知事あてに通達を出している（「海面における遊漁と漁業との調整について」二〇〇二年一二月一二日、農林水産省ホームページ）。通達には強制力がないので、当初、撒き餌規制があった二三都道府県の規制改正の動きは鈍かった。しかし、二〇〇五年から順次撒き餌の全面禁止が解除され、二〇一一年一月現在では、漁業調整規則で撒き餌釣りが規制されているのは東京都、秋田県、茨城県、福井県、兵庫県、佐賀県だけになった。ただし、全面禁止が解除された県でも、釣り人が自由に撒き餌釣りができるわけではない。漁業調整委員会告示によって、撒き餌釣りができる区域と期間、撒き餌の使用量が制限されている。

一方で、二〇〇三年四月一日に改定された遊漁船業法は、遊漁船業者に混乱を与えたようだ。この法律には次の条文がある。

（周知させる義務）

第一五条　遊漁船業者は、農林水産省令で定めるところにより、利用者に対し、その案内する漁場における水産動植物の採捕に関する制限又は禁止及び漁場の使用に関する制限の内容を周知させなければならない。

これが「渡船を利用した釣り人が撒き餌禁止区域で撒き餌をすると、その渡船業者が摘発される」と誤解されたらしい。そうではなく、この条文は撒き餌釣りが禁止されていることを口頭やパンフレットなどでよく説明することを義務づけているのである。遊漁船業者が自船の釣り客の撒き餌釣りをやめさせることを義務づけているのではない。

釣り人が磯に残したオキアミに蠅がたかって悪臭がひどい。釣り人が帰った後に放置された撒き餌や釣り餌の包装紙がある。磯の清掃活動をしておられる専業漁業者と彼らの家族が、このような状態をみて遊漁の撒き餌釣りはやめてほしいと願う気持ちはよくわかる。ほんの一部の釣り人の仕業が釣り場を失うことになる。釣り場を護るために、釣り人のマナー向上が求められる。

次に、湖沼での釣りの撒き餌を考えよう。二〇〇五年、ヒメマス釣り解禁を控えて山梨県富士河口湖町の西湖漁業協同組合が撒き餌釣りを全面的に禁止した。八年前に水質保全のために撒き餌釣りを禁止して釣り人が半減、再び撒き餌使用を制限付きで認めたが、制限以上の撒き餌をもちこんだり、余りを湖に捨てる釣り客が跡を絶たず「年間三〇トンが湖に投入されている計算」だという。さらにこの年の春には湖にアオミドロが大量発生した。アオミドロは糸状の藻で多量に発生すると魚が泳げなくなるばかりでなく、底の方の藻から死んで汚泥状に堆積するので、湖の底層水が無酸素状態になる。撒き餌が環境に与える影響は湖沼と海では全くちがうので、撒き餌釣り禁止はやむを得ないだろう。

9-9　水難事故を防ぐ

私が学生の頃、実習生として乗っていた漁船で水葬を経験した。錘と一緒に遺体が納められた木箱が、北太平洋の冷たく深い海底に向けて沈んでいく様子を、全員でいつまでも見つめていた。このときの胸が締め付けられるような気持ちはまだ鮮明である。

毎年多くの水難事故が起きている。警察庁統計によると二〇一〇年夏期（六〜八月）の水難事故発生件数は八五二件、うち死者・行方不明者四四三人、海が五二パーセントとなっている。全件数の六五パーセントが釣り・水泳・水遊びである。このような事故はあってはならない。

海難事故を身近に経験している海の男たちは、事故が起こるとすべてに優先して救出や探索に身を投じる。しかし、釣り人の事故には批判的で、次のようにいうことがある。「山で遭難したときに民間の救助隊が出動したり、民間の救助ヘリコプターを飛ばしてもらうと、その費用（数十万円から時には一〇〇〇万円を超える）は遭難者の自己負担となる。一方、釣り人が海で遭難すると地元漁業協同組合が漁船を出して〝海の男の心意気〟として捜索・救助にあたっている。そして海の遭難者にはどこからも請求書がこない。危険箇所に入り込んだ釣り人に警告すると、〝自己責任で釣りしてるんだから〟と口にする人がいるが、釣り人の自己責任とはなんなのだ？」と。

私は鹿児島湾で標識放流魚の追跡をするために小舟で実験をしているときに、急な時化で寄港に四苦八苦した危険な経験を二度した。実験を始めたときは海面は静かで実験は好調であったが、ふと気づくとそれまで周りにたくさんいた釣り船が一艘も見えない。釣り船は時化を予測して避難したことを知ったが、私が気づくのが遅すぎた。天気予報を事前に確認することを怠った結果で、気づくのがさらに遅ければ間違いなく遭難していたであろう。学生も私も急いでライフジャケットを着て、私は必死に舵を握って次々と襲う危険な三角波を乗り切ったが、今思うと助かったのは運が良かっただけだ。

私が経験したような危険な状況は沖合だけでなく海岸でも起こっていて、離岸流による海難事故が非常に多い。離岸流はリップカレントともいって、海から陸に吹く風が運ぶ向岸流があると

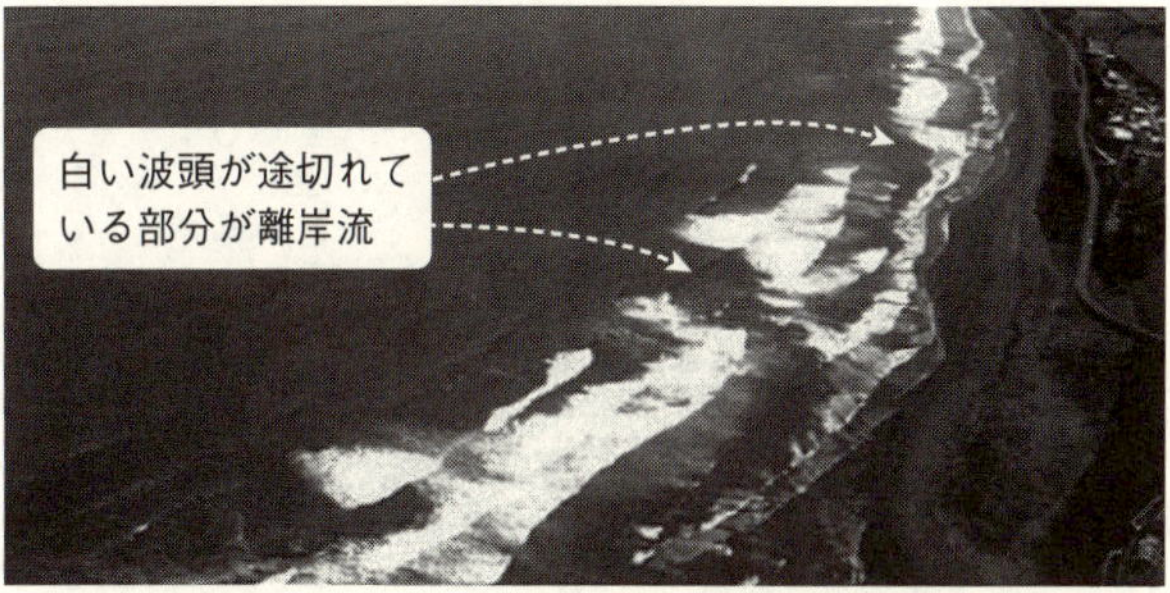

図9-7　離岸流の見つけ方（鹿児島大学・西隆一郎教授提供）

発生する、沖出しの流れで、浅い海岸で波があればどこでも発生する。強い離岸流は秒速二メートルを超えるものもあって、競泳選手でも泳ぎきるのは難しい。浅海域の水難事故の原因はさまざまであるが、離岸流による海浜死亡事故は多数発生している。例えば、宮崎県消防局が一九九六年から二〇〇〇年に出動した一五〇人の救難活動のうち四一名（二七・三パーセント）が離岸流による事故で、このうち九名が死亡している。

離岸流の存在は見てわかる（図9－7）。岸から沖に動いている気泡、ゴミ、濁りは離岸流の存在を示している。また、海岸と並行な波頭が離岸流のために途切れるので、白い気泡が途切れているところが離岸流である。強い離岸流ほど目視しやすい。岸から見て確認できる離岸流を知れば、海難事故を防ぐことができる。私は同僚の海洋学者・西隆一郎教授から離岸流を見る手ほどきを受けたお陰で、海水浴場で離岸流に押し流されて溺れかけている子供を助けることができた経験がある。強い日差しの下では、砂浜海岸に着いて一刻も早く水に入りたい気持ちはわかるが、まず時々刻々と変化する離岸流の有無を確認することを決して忘れてはならない。釣り人から離岸流を見つける方法が広まることを願う。

9-10 釣りの感動を障がい者にも

竿を通してアタリを感じたときの緊張と釣り上げるまでの興奮、このような素晴らしい体験を得る機会を障がいをもつ人たちは奪われている。障がい者が海と接することは危険視され、家族や周囲の人は、障がい者を海から遠ざける傾向にある。だが、マリンレジャーは健常者だけのものではないはずだ。釣り人と魚との闘い、私はこの感動と興奮を、障がいの有無にかかわらず誰にも体験していただきたいと考えている。

とはいえ、前例がなかったので、どうしたら実現できるか研究するために、仲間と「障がい者が海と関わることを支援する会」を結成して「車いす釣り大会」を開催した。場所は鹿児島湾を一望できる〝かごしまウォーターフロントフェスティバル・港まつり〟の会場で、一九九六年のことだった。この企画を新聞報道で知った多くの人たちから電話による問い合わせが私に殺到した。計画の稚拙さを指摘しての計画の変更のアドバイス、準備作業の協力申し出、そして当日のボランティア協力の申し出であった。

当初計画は大きく改善された。開催当日は、生簀に定置網で漁獲されて餌付けされてあった天然マダイを収容し、車いすに乗った参加者たちに、ヨットレース用に仮設された浮き桟橋から釣りを楽しんでいただいた。参加者は鹿児島県内外から八五人の車いすに乗った人たち、遠くは大阪市からの参加もあった。

障がい者と海。事故を心配される人が多いが、十分な備えさえあれば事故は防げることがこの企画で実証されたと思う。障がい者が手助けなしに釣りを楽しむには、手が不自由でも扱える竿とリールと、障がい者が乗ったまま水に入って竿を振れる車いすの開発が必要で、実現には釣り人のアイデアは欠かせない。また、海辺や川縁の利用は法律で種々規制されているので行政の参加も必要であろう。

私のこの体験を、退職者たちのアメリカ人観光団体に鹿児島で講演したことがあった。彼らは感動してくれたようで、アメリカではこのような企画を聞いたことがないといっていた。このような事業は福祉対策としてではなく、ビジネスとして行うべきだと私は考えている。障がい者がいつでも釣りをできる条件を備えた場所が日本にあり、障がいをもった人たちが海外からも来て釣りを楽しんでいるのを見るのが私の夢である。

おわりに

私が一時期学んだ名古屋大学農学部水産学教室の田村保教授は、院生たちを誘ってよく釣りをされていた。釣りの目的は魚を釣ることより、釣り糸を垂れながら魚の行動生理を議論する野外教室であったように思う。釣り好きな院生たちは魚の行動生理を研究課題にしていて、今ではそれぞれ大学の著名教授になっておられるが、釣りの名手にはなっていない。魚の行動生理についてよく知っていても、必ずしも釣りの名手にならないことの好例で、私自身も釣りは決して得意ではない。だからこそ魚や釣り場の環境のことをもっと知りたいと思うのである。

これまでお付き合いいただいた釣りの名人といわれる漁業者たちに聞くと、魚の動きと漁場の魚の生理状態を予測できないと釣れないという。これらの予測には広範囲の水の動きや餌生物の動向を知る必要があるだろう。本書では魚の行動生理だけでなく海・潮流や釣り場の環境についても述べた。本書が〝予測に基づいた釣り〟に役立ち、釣りをさらに楽しむ一助になれば幸いである。

本書を執筆するにあたり参考にした多くの論文や資料の詳細な記載は割愛した。

講談社ブルーバックス出版部の中谷淳史氏には、本書の構成や内容について、釣り人の視点から多大なご指導とご協力をいただいた。ここに記して心からお礼申し上げる。

二〇一一年二月

川村軍蔵

参考図書

「三重縣漁業圖解　五」三重県（三重大学附属図書館所蔵）一八七八年
「釣の本」佐藤垢石　改造社　一九三八年
「現代日本の釣叢書　五　湖沼の釣」益田甫編　水産社　一九四一年
「海」宇田道隆　岩波書店　一九六九年
「釣魚大全」I・ウォルトン　虎見書房　一九七〇年
「魚類生理」川本信之編　恒星社厚生閣　一九七〇年
「釣魚大全　カラー版」トレ・トリカレ社、E・カグナー編著　角川書店　一九七九年
「海流の物理」永田豊　講談社　一九八一年
「新水産ハンドブック」川島利兵衛・田中昌一・塚原博・野村稔・豊水正道・浅田陽治編　講談社　一九八一年
「釣りの科学」森秀人　講談社　一九八一年
「海とマグロと自然に学ぶ」山田重太郎著、花本栄二編　二〇〇六–二〇〇七年
http://members.jcom.home.ne.jp/hana-tuna/yamada.htm
「魚との知恵比べ（3訂版）」川村軍蔵　成山堂書店　二〇一〇年

（た行）

（な・は行）

（さ行）

さくいん

（英字）

（あ行）

（か行）

N.D.C.787.1　235p　18cm

ブルーバックス　B-1725

魚《さかな》の行動習性《こうどうしゅうせい》を利用《りよう》する　釣《つ》り入門《にゅうもん》
科学が明かした「水面下の生態」のすべて

2011年 4 月20日　第 1 刷発行
2023年 3 月15日　第 7 刷発行

著者　川村軍蔵《かわむらぐんぞう》
発行者　鈴木章一
発行所　株式会社講談社
〒112-8001 東京都文京区音羽2-12-21
電話　出版　03-5395-3524
販売　03-5395-4415
業務　03-5395-3615
印刷所　（本文印刷）株式会社ＫＰＳプロダクツ
（カバー表紙印刷）信毎書籍印刷株式会社
本文データ制作　講談社デジタル製作
製本所　株式会社国宝社

定価はカバーに表示してあります。

ISBN978-4-06-257725-0

発刊のことば

科学をあなたのポケットに

二十世紀最大の特色は、それが科学時代であるということです。科学は日に日に進歩を続け、止まるところを知りません。ひと昔前の夢物語もどんどん現実化しており、今やわれわれの生活のすべてが、科学によってゆり動かされているといっても過言ではないでしょう。

そのような背景を考えれば、学者や学生はもちろん、産業人も、セールスマンも、ジャーナリストも、家庭の主婦も、みんなが科学を知らなければ、時代の流れに逆らうことになるでしょう。

ブルーバックス発刊の意義と必然性はそこにあります。このシリーズは、読む人に科学的に物を考える習慣と、科学的に物を見る目を養っていただくことを最大の目標にしています。そのためには、単に原理や法則の解説に終始するのではなくて、政治や経済など、社会科学や人文科学にも関連させて、広い視野から問題を追究していきます。科学はむずかしいという先入観を改める表現と構成、それも類書にないブルーバックスの特色であると信じます。

一九六三年九月

野間省一

ブルーバックス　生物学関係書（I）